高效毁伤系统丛书

陆战目标威胁评估方法及其应用

Target Threat Assessment Method and Application of Land Battle

徐克虎 孔德鹏 王国胜 陈金玉 著

内 容 简 介

本书系统地介绍了陆战场目标威胁评估与常用方法,主要内容包括陆战目标威胁评估指标体系的确定原则与建立方法、评估指标的量化原则与量化方法、评估指标的赋权方法、单目标与集群目标威胁度评估与排序方法,并通过评估实例说明了评估方法的具体应用方式等。

本书可供从事或有兴趣参与信息化、智能化战争形态研究的科研人员、硕士博士研究生、高年级本科生,以及其他相关领域的从业人员参考使用。

版权专有 侵权必究

图书在版编目(CIP)数据

陆战目标威胁评估方法及其应用 / 徐克虎等著. -- 北京:北京理工大学出版社,2020.11(2023.3重印)
ISBN 978-7-5682-9281-8

Ⅰ. ①陆… Ⅱ. ①徐… Ⅲ. ①陆地战争–目标–军事–评估方法 Ⅳ. ①E822

中国版本图书馆 CIP 数据核字(2020)第 232488 号

出 版 /	北京理工大学出版社有限责任公司
社 址 /	北京市海淀区中关村南大街 5 号
邮 编 /	100081
电 话 /	(010)68914775(总编室)
	(010)82562903(教材售后服务热线)
	(010)68944723(其他图书服务热线)
网 址 /	http://www.bitpress.com.cn
经 销 /	全国各地新华书店
印 刷 /	北京虎彩文化传播有限公司
开 本 /	710 毫米×1000 毫米 1/16
印 张 /	12
字 数 /	207 千字
版 次 /	2020 年 11 月第 1 版 2023 年 3 月第 3 次印刷
定 价 /	62.00 元

责任编辑 / 张海丽
文案编辑 / 宋 肖
责任校对 / 周瑞红
责任印制 / 李志强

图书出现印装质量问题,请拨打售后服务热线,本社负责调换

《国之重器出版工程》编辑委员会

编辑委员会主任：苗 圩

编辑委员会副主任：刘利华　辛国斌

编辑委员会委员：

冯长辉	梁志峰	高东升	姜子琨	许科敏
陈　因	郑立新	马向晖	高云虎	金　鑫
李　巍	高延敏	何　琼	刁石京	谢少锋
闻　库	韩　夏	赵志国	谢远生	赵永红
韩占武	刘　多	尹丽波	赵　波	卢　山
徐惠彬	赵长禄	周　玉	姚　郁	张　炜
聂　宏	付梦印	季仲华		

专家委员会委员（按姓氏笔画排列）：

于　全	中国工程院院士
王　越	中国科学院院士、中国工程院院士
王小谟	中国工程院院士
王少萍	"长江学者奖励计划"特聘教授
王建民	清华大学软件学院院长
王哲荣	中国工程院院士
尤肖虎	"长江学者奖励计划"特聘教授
邓玉林	国际宇航科学院院士
邓宗全	中国工程院院士
甘晓华	中国工程院院士
叶培建	人民科学家、中国科学院院士
朱英富	中国工程院院士
朵英贤	中国工程院院士
邬贺铨	中国工程院院士
刘大响	中国工程院院士
刘辛军	"长江学者奖励计划"特聘教授
刘怡昕	中国工程院院士
刘韵洁	中国工程院院士
孙逢春	中国工程院院士
苏东林	中国工程院院士
苏彦庆	"长江学者奖励计划"特聘教授
苏哲子	中国工程院院士
李寿平	国际宇航科学院院士

李伯虎	中国工程院院士
李应红	中国科学院院士
李春明	中国兵器工业集团首席专家
李莹辉	国际宇航科学院院士
李得天	国际宇航科学院院士
李新亚	国家制造强国建设战略咨询委员会委员、中国机械工业联合会副会长
杨绍卿	中国工程院院士
杨德森	中国工程院院士
吴伟仁	中国工程院院士
宋爱国	国家杰出青年科学基金获得者
张　彦	电气电子工程师学会会士、英国工程技术学会会士
张宏科	北京交通大学下一代互联网互联设备国家工程实验室主任
陆　军	中国工程院院士
陆建勋	中国工程院院士
陆燕荪	国家制造强国建设战略咨询委员会委员、原机械工业部副部长
陈　谋	国家杰出青年科学基金获得者
陈一坚	中国工程院院士
陈懋章	中国工程院院士
金东寒	中国工程院院士
周立伟	中国工程院院士

郑纬民　　中国工程院院士
郑建华　　中国科学院院士
屈贤明　　国家制造强国建设战略咨询委员会委员、工业和信息化部智能制造专家咨询委员会副主任
项昌乐　　中国工程院院士
赵沁平　　中国工程院院士
郝　跃　　中国科学院院士
柳百成　　中国工程院院士
段海滨　　"长江学者奖励计划"特聘教授
侯增广　　国家杰出青年科学基金获得者
闻雪友　　中国工程院院士
姜会林　　中国工程院院士
徐德民　　中国工程院院士
唐长红　　中国工程院院士
黄　维　　中国科学院院士
黄卫东　　"长江学者奖励计划"特聘教授
黄先祥　　中国工程院院士
康　锐　　"长江学者奖励计划"特聘教授
董景辰　　工业和信息化部智能制造专家咨询委员会委员
焦宗夏　　"长江学者奖励计划"特聘教授
谭春林　　航天系统开发总师

《高效毁伤系统丛书》编委会

名誉主编：朵英贤　王泽山　王晓锋
主　　编：陈鹏万
顾　　问：焦清介　黄风雷
副 主 编：刘　彦　黄广炎

编　　委（按姓氏笔划排序）

王亚斌　牛少华　冯　跃　任　慧
李向东　李国平　吴　成　吴艳青
汪德武　张　奇　张锡祥　邵自强
罗运军　周遵宁　庞思平　娄文忠
聂建新　徐克虎　徐豫新　郭泽荣
隋　丽　谢　侃　薛　琨

丛书序

国防与国家的安全、民族的尊严和社会的发展息息相关。拥有前沿国防科技和尖端武器装备优势，是实现强军梦、强国梦、中国梦的基石。近年来，我国在国防科技和武器装备取得了跨越式发展，一批具有完全自主知识产权的原创性前沿国防科技成果，对我国乃至世界先进武器装备的研发产生了前所未有的战略性影响。

高效毁伤系统是以提高武器弹药对目标毁伤效能为宗旨的多学科综合性技术体系，是实施高效火力打击的关键技术。我国在含能材料、先进战斗部、智能探测、毁伤效应数值模拟与计算、毁伤效能评估技术等高效毁伤领域均取得了突破性进展。但目前国内该领域的理论体系相对薄弱，不利于高效毁伤技术的持续发展。因此，构建完整的理论体系逐渐成为开展国防学科建设、人才培养和武器装备研制和使用的共识。

《高效毁伤系统丛书》是一套服务于国防和军队现代化建设的大型科技出版工程，也是国内首套系统论述高效毁伤技术的学术丛书。本项目瞄准高效毁伤技术领域国家战略需求和学科发展方向，围绕武器系统智能化、高能火炸药、常规战斗部高效毁伤等领域的基础性、共性关键科学与技术问题进行学术成果转化。

丛书共分三辑，其中，第二辑共 26 分册，涉及武器系统设计与应用、高能火炸药与火工烟火、智能感知与控制、毁伤技术与弹药工程、爆炸冲击与安全防护等兵器学科方向。武器系统设计与应用方向主要涉及武器系统设计理论与方法，武器系统总体设计与技术集成，武器系统分析、仿真、试验与评估等；高能火炸药与火工烟火方向主要涉及高能化合物设计方法与合成化学、高能固体推进剂技术、火炸药安全性等；智能感知与控制方向主要涉及环境、目标信息感知与目标识别，武器的精确定位、导引与控制，瞬态信息处理与信息对抗，新原理、新体制探测与控制技术；毁伤技术与弹药工程方向主要涉及毁伤理论与方法，弹道理论与技术，弹药及战斗部技术，灵巧与智能弹药技术，新型毁伤理论与技术，毁伤效应及评估，毁伤威力仿真与试验；爆炸冲击与安全防护方向主要涉及爆轰理论，炸药能量输出结构，武器系统安全性评估与测试技术，安全事故数值模拟与仿真技术等。

　　本项目是高效毁伤领域的重要知识载体，代表了我国国防科技自主创新能力的发展水平，对促进我国乃至全世界的国防科技工业应用、提升科技创新能力、建设"两个强国"战略具有重要意义；愿丛书出版能为我国高效毁伤技术的发展提供有力的理论支撑和技术支持，进一步推动高效毁伤技术领域科技协同创新，为促进高效毁伤技术的探索、推动尖端技术的驱动创新、推进高效毁伤技术的发展起到引领和指导作用。

《高效毁伤系统丛书》
编委会

前　言

现代战争形态正由机械化向信息化转变，并将加速转换成智能化模式。但无论后机械化战争、信息化战争，还是智能化战争，其制胜的关键手段都是充分依靠信息优势，即依靠信息的获取、处理和利用优势。这已从某些军事强国的作战方式、作战效果上得到充分验证。

目标威胁评估是对战场信息处理和利用的最重要方式之一，是火力优化运用的先决条件，是打赢信息化战争的一种重要手段。所谓目标威胁评估，就是指对战场的敌方作战目标可能对我方人员、装备或设施造成危害程度的估计和排序，是火力决策的前提。

目标威胁评估技术，首先在海战和空战中得到具体应用。但不同于海战场和空战场，陆战场始终是一个环境最复杂、人员和装备资源投入最多、信息量最丰富、作战样式最多变的基础性战场。陆战场的信息化程度最能代表一个军队或一个国家的信息化水平，也是一个国家军事实力的具体体现。因此，陆战目标威胁评估无疑是一个重要而又艰巨的任务。

装甲装备作为陆战场主要突击力量的地位将在很长的时间内不会动摇，其成为敌方各种火力重点打击对象的现状也将长期不会改变。因此，对以装甲装备为主要对象的陆战装备面临的各种敌方目标作出及时、科学的评估，既是陆战装备有效发挥火力效能、歼灭敌方有生力量的前提，也是陆战装备最大限度消除威胁因素、保存自己的重要手段。

本书集作者多年来对陆战场作战目标威胁评估技术的研究心得，并吸收、借鉴他人研究成果而成。全书共分 8 章：第 1 章绪论，简要介绍目标威胁评估的概念、作用、研究现状与陆战目标威胁评估的特点、要素与实现步骤等。第 2 章目标威胁评估指标体系及量化方法，介绍评估指标体系的确定原则及建立方法，陆战目标威胁评估的主要指标，评估指标量化原则与常用量化方法，目标威胁评估指标的量化，威胁评估矩阵的确定方法。第 3 章目标威胁评估指标赋权方法，主要介绍指标权重基本概念及赋权原则、主观赋权法、客观赋权法、组合赋权法以及变权赋权法。第 4 章基于加权综合的目标威胁评估方法，首先针对常权属性指标，介绍了基于 Vague 值记分函数评估法、基于 Vague 集距离度量的多属性决策 TOPSIS 评估法、Vague 集关系模型威胁评估法；然后基于属性指标变权和组合赋权的思想，介绍了基于战场态势变权的威胁评估方法、基于双层融合变权目标威胁评估方法、基于组合赋权 – VIKOR 法的目标威胁评估方法。第 5 章基于机器学习的目标威胁评估方法，分别介绍了基于多元回归、改进型 RBF 神经网络和分类的目标威胁评估的解决思路、基本原理和实现方法。第 6 章面向集群目标的威胁评估方法，介绍了基于作战策略的指挥员主观分组方法、基于目标战场分布的模糊聚类分组方法等集群目标的分组方法，大规模目标的层次评估结构，集群目标威胁评估指标体系，以及基于战场价值的集群目标威胁评估方法、基于区间变权灰色关联法的集群目标威胁评估等。第 7 章陆战分队目标威胁评估实例分析，针对几种典型的目标威胁评估方法，通过实例仿真，说明了部分评估方法的应用过程，同时验证了其合理性。第 8 章后记与展望，针对本书所述目标威胁评估方法的局限性，阐述了其他军事评估的必要性。

  需要说明的是，鉴于公开出版发行的需要和其他一些原因，本书以陆战合成分队作战为论述背景，但撇开对战场信息的获取方式和获取过程的阐述，以及对装备型号、性能参数、战术战法的描述，代之以仿真数据作为基础信息源，阐述各种评估方法及其应用。

  在本书完稿之际，需要感谢作者的研究生黄大山、王增发、李灵之、张明双等同学！他们为本书的出版做了一些很有意义的工作，分别贡献了部分很有借鉴价值的参考资料。本书在撰写和出版过程中，得到了作者所在单位领导和北京理工大学出版社王佳蕾、宋肖老师的大力支持和帮助，在此一并向他们表示衷心的感谢！

  由于作者水平有限，研究不深、不精，书中内容粗浅、疏漏之处在所难免，恳请读者不吝指教！我们的初心是抛砖引玉，与志趣相投者共同提高，为部队信息化建设尽匹夫之责、献微薄之力！

作者

2020 年春于北京

目 录

第1章 绪论 ………………………………………………………………… 001
  1.1 目标威胁评估的概念 ………………………………………………… 002
  1.2 目标威胁评估的作用 ………………………………………………… 003
    1.2.1 辅助决策 ………………………………………………………… 004
    1.2.2 目标精确管理 …………………………………………………… 004
    1.2.3 火力打击优化 …………………………………………………… 005
  1.3 目标威胁评估的研究现状 …………………………………………… 005
  1.4 陆战目标威胁评估的特点 …………………………………………… 008
    1.4.1 陆战武器目标种类多样 ………………………………………… 008
    1.4.2 陆战武器作战用途多样 ………………………………………… 009
    1.4.3 战场环境复杂 …………………………………………………… 010
    1.4.4 陆战目标威胁评估难度大 ……………………………………… 011
  1.5 陆战目标威胁评估的要素与实现步骤 ……………………………… 012
    1.5.1 威胁评估要素 …………………………………………………… 012
    1.5.2 威胁评估实现步骤 ……………………………………………… 014

第2章 目标威胁评估指标体系及量化方法 ……………………………… 017
  2.1 评估指标体系的确定原则与建立方法 ……………………………… 018
    2.1.1 确定原则 ………………………………………………………… 018
    2.1.2 建立方法 ………………………………………………………… 019
  2.2 陆战目标威胁评估的主要指标 ……………………………………… 020

2.2.1　评估指标的分类 …………………………………………… 020
　　2.2.2　评估指标的含义及描述 ……………………………………… 021
2.3　评估指标量化原则与常用量化方法 ……………………………… 023
　　2.3.1　量化原则 ……………………………………………………… 023
　　2.3.2　常用量化方法 ………………………………………………… 024
2.4　目标威胁评估指标的量化 ………………………………………… 027
　　2.4.1　目标静态指标量化 …………………………………………… 027
　　2.4.2　目标动态指标量化 …………………………………………… 031
　　2.4.3　环境指标量化 ………………………………………………… 034
2.5　威胁评估矩阵的确定 ……………………………………………… 035

第3章　目标威胁评估指标赋权方法 ………………………………………… 039
3.1　指标权重基本概念及赋权原则 …………………………………… 040
3.2　主观赋权法 ………………………………………………………… 041
　　3.2.1　德尔菲法 ……………………………………………………… 041
　　3.2.2　环比值法 ……………………………………………………… 041
　　3.2.3　层次分析法 …………………………………………………… 042
3.3　客观赋权法 ………………………………………………………… 044
　　3.3.1　信息熵法 ……………………………………………………… 045
　　3.3.2　离差函数最大化法 …………………………………………… 045
　　3.3.3　逼近理想点法 ………………………………………………… 046
3.4　组合赋权法 ………………………………………………………… 047
　　3.4.1　简单线性加权法 ……………………………………………… 047
　　3.4.2　最小偏差组合赋权模型 ……………………………………… 048
3.5　变权赋权法 ………………………………………………………… 051
　　3.5.1　变权方法基本原理 …………………………………………… 052
　　3.5.2　双层融合变权方法 …………………………………………… 054

第4章　基于加权综合的目标威胁评估方法 ………………………………… 057
4.1　基于Vague值记分函数评估法 …………………………………… 058
　　4.1.1　Vague值均衡点 ……………………………………………… 058
　　4.1.2　风险厌恶型记分函数 $S_{RA}(x)$ ………………………………… 059
　　4.1.3　风险追求型记分函数 $S_{RP}(x)$ ………………………………… 061
　　4.1.4　风险中立型记分函数 $S_{RN}(x)$ ………………………………… 062

4.1.5　记分函数评估法 ……………………………………………… 062
4.2　基于 Vague 集距离度量的多属性决策 TOPSIS 评估法 …………… 063
　　　4.2.1　Vague 集距离度量一般方法及其准则 ……………………… 063
　　　4.2.2　改进的 Vague 集距离度量法 ………………………………… 064
　　　4.2.3　多属性决策 TOPSIS 评估法 ………………………………… 065
　　　4.2.4　多属性决策 PA ………………………………………………… 066
4.3　Vague 集关系模型威胁评估法 …………………………………………… 067
　　　4.3.1　基于风险偏好的 Vague 值运算法则 ………………………… 068
　　　4.3.2　基于 Vague 集关系的目标评估与排序 ……………………… 069
4.4　基于战场态势变权的威胁评估方法 …………………………………… 070
　　　4.4.1　战场态势变权方法 …………………………………………… 070
　　　4.4.2　变权的 TOPSIS 威胁评估算法 ……………………………… 073
　　　4.4.3　应用战场态势变权的目标威胁评估 ………………………… 074
4.5　基于双层融合变权目标威胁评估方法 ………………………………… 076
　　　4.5.1　双层融合变权目标威胁评估步骤 …………………………… 076
　　　4.5.2　双层变权目标威胁评估实例分析 …………………………… 077
4.6　基于组合赋权−VIKOR 法的目标威胁评估方法 ……………………… 081
　　　4.6.1　直觉模糊集 …………………………………………………… 081
　　　4.6.2　组合赋权−VIKOR 法的威胁评估模型的建立 ……………… 083
　　　4.6.3　实例仿真 ……………………………………………………… 088

第 5 章　基于机器学习的目标威胁评估方法 ……………………………… 093

5.1　基于多元回归的目标威胁评估 ………………………………………… 094
　　　5.1.1　解决思路 ……………………………………………………… 094
　　　5.1.2　多元线性回归的基本原理 …………………………………… 094
　　　5.1.3　多元非线性回归简介 ………………………………………… 099
　　　5.1.4　基于多元回归的威胁评估方法 ……………………………… 100
　　　5.1.5　实例 …………………………………………………………… 100
5.2　基于改进型 RBF 神经网络的目标威胁评估方法 …………………… 102
　　　5.2.1　解决思路 ……………………………………………………… 102
　　　5.2.2　RBF 神经网络 ………………………………………………… 102
　　　5.2.3　基于 RBF 神经网络的威胁评估方法 ……………………… 103
　　　5.2.4　RBF 神经网络威胁评估实例仿真 …………………………… 105
5.3　基于分类的威胁评估方法 ……………………………………………… 106

	5.3.1	解决思路	106
	5.3.2	常见的分类器及原理	107
	5.3.3	评估方法	111
	5.3.4	基于分类的威胁评估实例	112

第 6 章 面向集群目标的威胁评估方法 … 115

6.1 集群目标的分组方法 … 116
    6.1.1 基于作战策略的指挥员主观分组方法 … 116
    6.1.2 基于算法规则的多目标分组方法 … 116
    6.1.3 集群目标分组实例 … 118

6.2 大规模目标的层次评估结构 … 121
6.3 集群目标威胁评估指标体系 … 122
6.4 基于战场价值的集群目标威胁评估方法 … 124
    6.4.1 集群目标威胁评估结构 … 124
    6.4.2 集群目标整体评估方法 … 125

6.5 基于区间变权灰色关联法的集群目标威胁评估 … 129
    6.5.1 预备知识——区间数权重 … 129
    6.5.2 集群目标指标体系的量化处理 … 129
    6.5.3 区间变权权重的确定 … 132
    6.5.4 适用于区间数的最小二乘灰色关联威胁评估模型的构建 … 133
    6.5.5 实例仿真 … 136

第 7 章 陆战分队目标威胁评估实例分析 … 141

7.1 目标威胁评估背景与评估目的 … 142
7.2 建立评估指标体系 … 143
7.3 指标量化处理 … 145
7.4 指标赋权 … 147
7.5 威胁评估算法应用 … 149
    7.5.1 基于加权综合的威胁评估 … 149
    7.5.2 基于机器学习的威胁评估 … 149

7.6 分析与讨论 … 151

第 8 章 后记与展望 … 153

8.1 目标打击价值评估 … 155

8.2 目标毁伤评估 …………………………………………………… 156
8.3 作战能力评估 …………………………………………………… 156
8.4 作战效能评估 …………………………………………………… 157
8.5 目标评估与作战意图识别融合发展 …………………………… 158

参考文献 ………………………………………………………………… 159

索引 ……………………………………………………………………… 163

第 1 章
绪 论

人们对战场信息的获取手段和利用方式的变化,推动着战争形态的转化。由过去的机械化战争到今天的信息化战争,再到即将来临的智能化战争,每一个转化过程,无疑都要归功于信息技术的有力推动。目标威胁评估,就是战场信息利用的最重要技术之一,它是指挥员制订作战决策方案的基础。也可以更直白地说,目标威胁评估是当今部队合成化装备体系火力优化运用的前提,是未来智能化武器平台自主决策的基础。本章将系统地论述信息化条件下陆战场装备体系对抗过程中的目标威胁评估的作用、特点及其实现步骤等。

1.1 目标威胁评估的概念

谈到威胁（threat），其应当包含两个方面：威胁客体和遭受威胁的主体，威胁通常理解为主体遭受客体的潜在危害、惩罚、损失、毁伤等，是客体能力和意图的综合体现。威胁评估（threat assessment，TA）的概念在 20 世纪 80 年代被首次提出，是指对评估对象威胁程度的衡量过程。在作战领域引申出了战场目标威胁评估（target threat assessment，TTA）的概念，将评估目标的范围限制在战场目标。根据美国国防部实验室联合领导机构数据融合小组的定义，威胁评估作为数据融合系统中的高层次数据融合处理过程，重在推断敌方意图和目的，产生定量的威胁能力估计，并判断敌方对我方的定量威胁程度。虽然当前目标威胁评估相关研究比较火热，但是相关概念的界定比较模糊，不同学者对其理解有较大偏差，使得目标威胁评估缺乏公认的权威定义。这里，我们根据自己的研究体会，给出如下的定义。

定义 1-1 目标威胁评估（也称为目标威胁估计），主要针对战场武器装备等作战目标，以战场感知信息、目标特性参数和决策者经验信息等为基础，通过运用相关评估算法以定量的形式对目标的威胁程度进行估计和分析。

根据上述定义，可以看出目标威胁评估特点在于以下几个方面。

（1）研究对象为战场的武器装备等作战目标。从近年来的文献可以看出，目标威胁评估主要依据敌我双方的武器装备性能指标及其作战企图，以定量的形式对敌方目标的威胁程度作出估计和分析。

（2）实现途径主要依托于战场信息。目标威胁评估是信息化作战的重要组成，同时实现目标威胁评估必须以战场信息为基础，只有充分地获取目标信息才能够合理地评估出目标的威胁程度。

（3）本质是信息的综合处理。目标威胁评估可以看成一种信息计算过程，也可以看成多属性决策过程，同时也可以认为其是信息融合过程。归为哪种过程并不重要，其本质都是信息的综合处理过程。

目标威胁评估，是庞大的"评估"家族的年轻一员。"评估"向来与"决策"相生相伴，在各行业领域，只要有人的自觉性决策，就需要以评估为基础，评估是为决策而生。但在战场信息和相应的信息处理技术匮乏的年代，作战决策更多地被认为是一种计谋、一种权术，或者"指挥艺术"，不可能上升到科学层面来研究。因此，对作战对象的估计、了解，也就理所当然成为指战员个人或少数人的主观意识活动。科技的进步，将目标威胁评估推上了作战决策的舞台。在信息技术、智能计算方法蓬勃发展，各国日益重视国防与军队现代化建设，部队作战训练对辅助决策、自主与半自主决策技术有着急迫需求的今天，可以想象，目标威胁评估必将成为"评估"这个大家庭中极有发展前景的一位可畏后生。

1.2 目标威胁评估的作用

为了适应信息化战争的作战要求，指挥控制系统（command and control system，CCS）已经逐步延伸应用到信息化武器装备平台中，为指挥员实现军务管理提供了极大的便利。但其提供的海量、多维、冗余但不完全的作战信息，同时也给指挥员作战决策带来巨大压力。因此，理想的指挥控制系统理应不会仅仅是一个信息集散、信息交互的平台，更应该是一个可依据敌、我、友各方战斗力部署、作战意图、战场环境等战场态势信息为指挥员提供辅助决策支持的平台。目标威胁评估作为指控系统的重要组成部分，能够为指控系统实现目标管理、火力打击优化等提供基本的决策信息，因此在实际作战过程中主要担负以下功能。

1.2.1 辅助决策

在信息化装备逐步普及运用，信息的采集、传输、处理与运用技术日益提高，指挥控制系统成为合成化部队建设标配的情况下，自主或半自主的目标威胁评估、武器-目标分配、目标毁伤评估等辅助决策必将成为指挥控制系统必不可少的基本要素，而且，依托于计算机量化计算或逻辑推理的目标威胁评估，是现代合成化装备体系火力优化运用过程中一个最基础性的环节，如图1-1所示。

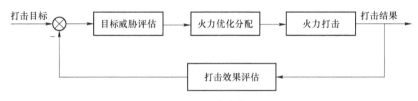

图1-1 辅助决策过程

由图1-1可知，目标威胁评估环节是处于火力决策前期的基础性环节，其处理结果的准确性、有效性和及时性会直接影响整个部（分）队的作战指挥和作战任务的完成情况。提高指挥控制系统的辅助决策水平，是目前指挥控制系统研究课题的重要内容，而目标威胁评估技术是火力决策基础性环节，其研究意义重大。

目前，由于海、空战场环境的"简洁"性，目标威胁评估的成果已有实际应用，海军、空军指挥控制系统上已集成有一定的辅助目标威胁评估与火力分配功能模块，提高了部队整体作战效能。但是，由于陆地战场环境的复杂性与不确定性远远高于空战场和海战场，目标的识别跟踪、信息的传输处理的难度都大大提高，同时，陆战部（分）队战术战法灵活多变，由此导致了陆战目标威胁评估技术发展相对缓慢，至目前为止，鲜见有成熟的目标威胁评估模块在陆战装备上得到运用。但要实现信息化战争中多武器平台协同作战，陆战指控系统中不可缺少成熟的目标威胁评估功能模块。

1.2.2 目标精确管理

现代战场的作战节奏日益变快，使得战场获得的信息处理难度越来越大，快速、众多、变化的目标越来越难以管理。尤其未来实现智能化作战时，必须实时综合处理目标的威胁信息，实现对目标的精确高效管理，如图1-2所示。

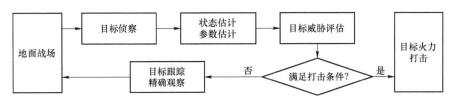

图 1-2 目标精确管理

以地面战场的作战过程为例，通常根据侦察系统的信息对目标进行识别，然后确定目标的类型和状态；通过获得的目标状态参数信息分析目标的威胁度；根据目标威胁度判断对目标的打击方式，有针对性地分配侦察资源对目标进行实时跟踪，对于需要进行打击的目标，在有利的时机完成对目标的打击。

1.2.3 火力打击优化

在火力打击过程中，传统的打击方法难以实现多武器协同火力优化。通过利用武器-目标分配的优化模型处理火力打击任务时，目标的威胁度是基本参数。只有获得科学合理的目标威胁度，才能有效地分配打击资源，实现整个作战体系的火力打击的优化。

如图 1-3 所示，进行火力打击优化的基础是综合目标的威胁度信息、武器参数信息、作战任务信息等，建立适用于目标打击任务的动态火力分配模型，通过模型解算获得最优的打击方案。其中，目标威胁度既是建立模型的基础，同时也是决定打击方案科学性的重要参数，在作战火力打击体系中具有重要作用。

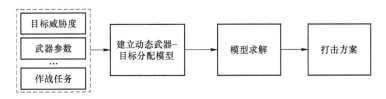

图 1-3 火力打击优化

1.3 目标威胁评估的研究现状

20 世纪 80 年代初，美国国防部实验室联合领导机构 JDL(Joint Directors of Laboratories)在其数据融合字典中最早提出威胁估计，处在第 3 级的威胁估计接收第 1 级目标身份与位置估计和第 2 级态势估计的结果,通过定量计算确定目标威胁度。此后的一段时间内,由于战场信息获取能力较弱,传感器技术、通信技术以及计算机技术等不能满足战场目标威胁实时评估的需求,人们主要对威胁评估概念与评估结构模型展开研究,且大多在信息融合的技术范畴内进行。例如,2002 年,X. T. Nguyen 将威胁评估的功能分为敌作战意图估计、敌打击目标推理和威胁等级的确定三个环节。目前,研究威胁评估大多采用 X. T. Nguyen 的威胁评估功能模型。

2003 年,我国学者牟之英将威胁评估分为综合环境判断、威胁等级判断和战术辅助决策三个功能模块,如图 1-4 所示。

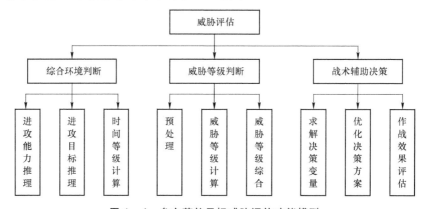

图 1-4　牟之英的目标威胁评估功能模型

该目标威胁评估功能模型以态势评估的结果为基础,综合敌方的打击能力、机动能力以及作战意图,作出关于敌方火力打击能力及对我方武器平台威胁程度的评估。

2003 年,我国学者孔祥忠认为目标威胁估计应该包括以下内容:威胁要素提取;敌方意图(企图)估计;敌方打击目标估计(推理);威胁等级确定。从而得出如图 1-5 所示的目标威胁评估结构模型。

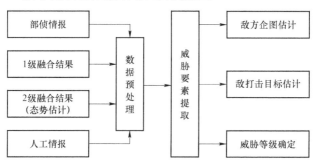

图 1-5　目标威胁评估结构模型

2003 年，Nichens Okello 和 Gavin Thoms 利用概率论中的相关理论，建立了贝叶斯网络威胁评估模型，基于贝叶斯定理和条件概率完成目标威胁度推理与计算。之后，人们根据战场目标威胁评估具有非线性的特点，利用神经网络在解决复杂非线性问题中的独特优势，构建出适合战场目标威胁评估的神经网络评估模型，以及以数理统计为理论基础的多种统计推理评估模型等。

进入 21 世纪的 20 年来，随着传感器技术的日益发展，空天地、监侦听，多种途径、多种手段均可以获取战场目标信息，获取的信息资源已经能够满足目标威胁评估的需求。同时，随着信息传输速度与处理技术的提高，战场透明度明显增强，战争的时效性大大提高。这样，既为目标威胁评估提供了丰富的数据支持，也对目标威胁评估提出了追切的现实需求。相应地，国内外学者都对目标威胁评估技术研究展现出极大的热情，也取得了富有成效的研究成果。

例如，在威胁评估指标量化方法方面，人们根据定性评估指标的模糊性与不确定性，分别提出标度法、模糊集法、模糊区间数法、Vague 集法等量化方法。

在威胁评估指标权重确定方法方面，人们为提高确定指标权重的科学性，相继提出了降低个人影响的多专家主观权重融合方法、克服主观随意性的基于信息熵的客观权重评估方法、兼顾主观赋权与客观赋权的组合赋权方法，以及考虑战场态势变化，在主、客观赋权方法的基础之上，结合指标信息进行相应变权的方法，等等。

在目标威胁评估理论与方法方面，人们将多属性决策理论引入目标威胁评估中，把每一个威胁目标视作一个备选方案，多个威胁目标则构成决策的方案集，而威胁指标体系则构成决策的属性集。目前，多属性决策理论已成为目标威胁评估的理论基础。在此基础上，人们根据评估信息的特点，相继提出了以模糊数学为基础的模糊逻辑与模糊推理评估方法、以贝叶斯定理为基础的贝叶斯网络评估方法、人工神经网络评估方法、知识推理评估方法等几大类评估方法。例如，克服了基于三角模糊数的逼近理想解排序（technique for order preference by similarity to an ideal solution，TOPSIS）法不足的、更能体现决策者心理的多准则优化妥协决策（Vlse Kriterijumska Optimizacija I Kompromisno Resenje，VIKOR）评估方法，符合决策者直觉的直觉模糊推理目标威胁评估方法，能够体现威胁指标到威胁度非线性映射关系的 RBF（redial basis function，径向基函数）神经网络目标威胁评估方法，能够更加有效地处理不确定信息的基于改进直觉模糊集（intuitionistic fuzzy set，IFS）的目标威胁评估方法，能够综合考虑主客观因素的基于信息熵和 TOPSIS 法的目标威胁评估方法，依据由专家经验规则库设计的 MIN – MAX 云重心推理目标威胁评估算法，等等。

经过约 30 年的研究，国内外学者都取得了较丰富的成果，特别是在目标威胁评估的概念、结构模型等一些共性方面，以及海、空战场等一些研究难度相对较小的应用领域。随着目标威胁评估技术应用面越来越广，需求也越来越大，将有更多的研究人员加盟，其前景将更加广阔。

陆战部队是世界上绝大多数国家的主要作战力量，陆战场是最基本的战场。战场信息的表示与处理方法、评估算法已成为当今陆战目标威胁评估技术研究的重点和难点之一。本书亦将结合陆战目标威胁评估的特点，围绕陆战部（分）队对目标威胁评估的需求，对目标威胁评估技术展开论述。

1.4 陆战目标威胁评估的特点

陆战目标类型多样、地形地貌复杂，目标威胁与作战样式、定性特征密切相关，与空战和海战相比，陆战目标威胁评估难度更大。

1.4.1 陆战武器目标种类多样

陆战场的主要作战目标种类多样，具体包含坦克、步战车、武装直升机、无人机、迫击炮、自行榴弹炮、反坦克导弹、单兵武器以及无人战斗车辆等。由于目标种类非常繁多，根据武器的打击特点，我们将其划为以下几类。

1. 单兵武器（轻武器）

单兵武器或称为轻武器，主要包括手枪、步枪、手榴弹、单兵火箭筒、单兵反坦克导弹等。其通常由单兵或班组操作使用，该类武器具有体积较小、隐蔽性好、威胁变化较大等特点。

2. 装甲作战武器

装甲车辆是具有装甲防护的战斗车辆及其保障车辆的统称，是现代陆军的主要作战装备，如坦克、步战车、装甲输送车、装甲指挥车、装甲侦察车等。该类武器通常具有较好的机动性和较强的防护能力，主要执行前沿突击任务，具有较强的威胁能力。

3. 对敌压制武器

现代陆战场上的对敌压制武器装备主要包括迫击炮、榴弹炮、加农炮、加农榴弹炮、火箭炮、战术火箭和短程地地战术导弹等，这些武器主要用于对敌火力压制，火力支援突击装备的突击作战。

4. 反装甲武器

反装甲武器是指用于攻击坦克和其他装甲目标的武器，如火箭筒、无坐力炮、反坦克炮、反坦克导弹，以及反坦克火箭弹等。该类型武器通常利用隐蔽地形对装甲装备实施火力打击，其价格较低、毁伤能力较强，对装甲装备具有较强的威胁能力。

5. 防空作战武器

武装直升机等空中武器对地面坦克等目标打击具有极大的优势，使得现代陆战对防空愈加重视。陆战防空作战武器主要有各类防空雷达、防空导弹、自行高炮和高射机枪等装备。

6. 武装直升机

武装直升机机动灵活，不受地形条件的限制，生存能力较强，具有全天候作战能力和较好的低空性能。利用机载的机枪、火炮、火箭筒、反坦克导弹等，可独立或与地面部队协同作战，直接攻击敌方目标，对炮兵阵地、装甲车辆、工事与人员威胁大。

7. 电子对抗武器

电子攻防型信息战武器装备主要包括网络攻防、电子侦察、电子进攻和电子防御几大类。这些电子对抗武器对战场的信息获取、传输和利用影响巨大。

8. 无人武器

无人武器是近年来出现的新型作战武器，包括无人机、无人车等，可执行侦察、打击、运输等多种任务，是未来战场重要的组成部分。无人武器由其本身特点，对有人武器构成了较大威胁。

1.4.2 陆战武器作战用途多样

按照主要作战性能、运用方式，地面作战武器可分为以下几种。

1. 地面突击武器

地面突击武器是指用于遂行地面突击任务的战斗装备,包括坦克、步战车、装甲突击车、装甲输送车等,是陆上突击作战的主导力量以及联合作战的重要力量。地面突击武器机动能力较强、火力威力大,能够采用多种作战和火力方式打击多种目标。

2. 空中打击武器

空中打击武器主要为武装直升机以及无人机,能够遂行空中火力打击任务。空中打击武器机动速度快、火力打击能力强,能够适应多种作战任务,对地面打击对象的火力威胁较大。

3. 火力支援武器

火力支援武器是指担负地面火力支援任务的火炮等武器,如榴弹炮、迫击炮、火箭炮等。通常,火力支援武器为突击力量提供后方火力支持,保障突击力量的作战行动,能够有效压制、毁伤打击对象。

4. 信息支援武器

信息支援武器是指为战场信息综合运用提供服务的武器,如侦察装备、指控装备、通信装备等。该类型武器能够为打击武器提供侦察、通信、计算等支持,是完成作战任务的指控核心。

5. 无人自主武器

无人自主武器是近年来陆战场新出现的武器类型。该类武器能够遥控或者自主进行侦察、机动、打击等,作战可达区域广,作战持续能力强,能够极大避免人员伤亡,在战场上具有较大威胁。

1.4.3 战场环境复杂

战场环境(battlefield environment)是指战场及其周围对作战活动有影响的各种情况和条件的总称。战场环境是双方作战力量展开部署和实施行动所依赖的基本条件,包含战场所有的地形和地物,大致可分为自然环境、军事环境和社会环境三类。以自然环境为例,其作战地域包括平原、丘陵、城市等,天气条件包括雾霾、沙尘、雨雪等,以及水文、植被、天候等影响因素;军事环境、社会环境则更为复杂,这些因素直接影响目标的机动、搜索、伪装、打击、通信等效能，从而影响作战行动的实施和作战能力的发挥。

1.4.4 陆战目标威胁评估难度大

陆战部（分）队的任务和性质决定了其在作战过程中需要作出及时合理的决策，发挥其最大作战效能。信息化的快速发展，改变了传统战争的基本形态，信息力是决定战争胜负的关键因素之一。因此，充分利用战场态势信息，对目标进行综合评估，进而进行火力优化分配是一种重要的决策方式。陆战分队的信息处理和利用相对于空中作战和海上作战，面临更大的挑战。陆战分队目标威胁评估主要有以下特有的难点。

1. 威胁指标选取的复杂性

陆战合成部队作战目标种类多样，有坦克、步战车、单兵、武装直升机、自行火炮、重要军事设施等，目标的作战能力、火力运用方式与目标的特点紧密相关，而且不同目标对不同节点（我方武器装备）的威胁程度差别较大。对于不同种类的目标，在评估过程中，目标的威胁评估指标选取比较困难，选取相同的指标无法表现出不同武器的特点；选择不同的指标，威胁度对比性较难体现，因此对多种类型目标的威胁评估是合成部（分）队作战评估的一个难点。

2. 战术意图的复杂性

陆战合成部（分）队作为新型地面作战力量，涉及的装备类型繁多，其战法、战术应用广泛，不同的武器装备组合可遂行不同的作战任务。信息化武器装备的作战能力更强，能够完成的任务更多，主战装备不仅具有火力打击能力，而且具有信息采集和传输的能力。相同的装备可能担任攻击、侦察甚至保障任务，战术运用方式复杂多变。不同类型装备的威胁程度不同，相同类型装备处于不同的任务和企图之下的目标威胁程度也不同，因此要获得所有作战目标科学合理的目标威胁程度仍比较困难。

3. 目标威胁度与作战环境的相关性

绝大多数陆战武器装备的作战行动受自然条件的制约相对较大，火力运用时需要合理地利用战场环境要素，主要是地形地物，以趋利避害。

因战场地形地物直接影响着具有直瞄特性的主战突击装备的机动性、通视性、射击命中概率等。同时，武器装备的火力运用方式与作战环境密切相关。因此，同一武器装备在不同战场环境下所体现的威胁程度不同，复杂多样的战场环境给陆战目标威胁评估带来较大的困难。

1.5　陆战目标威胁评估的要素与实现步骤

在实际作战过程中，不管作战部队的编成结构与指挥层级如何，我们均可以将部队作战力量分成上级指挥单元和下级作战单元。相应地，我们可以将目标威胁评估分成指挥单元和作战单元两个层级来实施。下层作战单元依据自身传感器系统获取和上级指挥单元分发的战场态势信息，利用实时更新的目标威胁评估指标数据库，依据威胁评估算法完成多个个体目标的威胁度计算与排序，一方面根据评估结果确定自身火力的优先使用顺序，或与相邻作战单元进行火力协同；另一方面向上级指挥单元上传该评估结果。上层指挥单元根据指挥控制系统中的目标威胁指标数据库，既可对所有个体目标威胁度进行总评估与排序，也可在各作战单元评估结果的基础上进行所有个体目标威胁度的总体评估与排序，并根据作战规模确定是否对集群目标的整体威胁度进行评估与排序，以便进行兵力部署。

1.5.1　威胁评估要素

陆战目标威胁评估的要素主要包含以下七个方面。

1. 威胁评估目的

目标威胁评估首先需要明确评估的目的。例如，威胁评估是为了分析目标集群特点，还是为了火力打击做准备；威胁评估过程是进行目标的威胁排序，还是进行威胁等级的划分，抑或是为了获得目标量化的威胁度值。评估目的是实施威胁评估的指导性原则。

2. 威胁评估主体

陆战目标通常需要以某个节点或平台作为所受威胁的参考基础，我们称评估节点和相应参与评估的人或集体为威胁评估主体。例如，陆战场的威胁评估是从单兵的角度出发进行评估，还是从作战武器平台的角度进行评估，抑或是从分队指挥者的角度对目标进行威胁评估。确定威胁评估主体，才能有针对性地选择评估指标与评估方法，才能充分考虑评估者的特点，从而获得更加科学的评估结果。

3. 威胁评估对象

威胁评估对象即评估客体，其准确界定是整个评估活动的基础，目标威胁评估中通常是指战场上待评估的各类型威胁目标。由于陆战场上目标类型多样，不同类型目标的作战运用和威胁特点都不相同，因此，实施威胁评估必须对评估对象有一个清晰的了解。通常，为了解决多类型目标的威胁评估问题，需要对评估对象进行分类，如按目标运动特点可以分为装甲目标、单兵目标、空中目标等；按火力打击特点可以分为直瞄武器与间瞄武器等；按作战运用可以分为突击武器和火力支援武器等。通过目标类型划分，有针对性地对每种目标进行合理威胁量化，从而能够将作战的经验及战场武器运用原则融合到威胁评估中。

4. 威胁评估指标

威胁评估指标是指根据评估目的确定的能够准确地反映被评估对象某一方面情况的特征依据。每个评估指标都从某个侧面刻画被评估对象所具有的某种特征。威胁评估指标体系则是指由一系列相互联系的威胁评估指标所构成的整体。它能够根据威胁评估目的和被评估对象，综合反映出被评估对象各个方面的情况。威胁评估指标体系不仅受威胁评估对象与威胁评估目标的极度制约，而且受威胁评估主体价值观念的影响。对于多目标威胁评估，特别是类型目标威胁评估，关键是如何在评估指标的共性和特异性之间，找到平衡点，降低威胁评估指标体系的复杂性，提高威胁评估指标体系的合理性。

5. 威胁评估指标权重

相对于某种威胁评估目标，同一个被评估对象的各评估指标之间的相对重要性是不同的。评估指标之间的这种相对重要性大小通常用权重来刻画。威胁评估指标的权重是指标对目标总威胁度的贡献度。显然，当评估对象和评估指标都确定时，评估结果的可信程度就依赖于权重选择的合理与否。

6. 威胁评估方法

威胁评估方法是在评估理论指导下进行具体评估所采取的途径、步骤、手段等，通常是通过一定的数学模型将多个评估指标值合成为一个整体性的综合评估值。经过国内外学者的共同努力，人们提出了多种各具特色的威胁评估方法，如何根据评估目的及评估对象的特点来选择合适的评估方法或改进评估方法是一个关键问题。

7. 威胁评估结果

威胁评估结果是威胁评估方法产生的结论。威胁评估结果只具有相对意义，只能用于特定场景和任务下的目标比较和排序。因此，依据威胁评估结果进行火力决策应依据评估方法理性地看待评估结果。

1.5.2 威胁评估实现步骤

对于陆战个体威胁目标，在确定威胁评估目的和评估主体（评估节点）后，其威胁度评估过程可大致分成图 1-6 所示的几个步骤。

1. 确定被评估对象

以战场上发现的具有威胁特征的作战目标作为威胁评估对象，需要获得目标类别、目标位置、目标型号、目标状态等评估信息。

2. 建立目标威胁评估指标体系

根据威胁评估的特点及要求确定目标的威胁评估指标，主要包括目标毁伤能力、通信能力、机动能力等战技性能和环境因素等，通过综合考虑不同影响因素，建立目标威胁评估的指标体系。

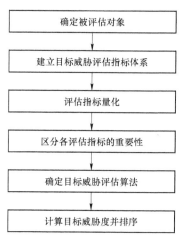

图 1-6 目标威胁评估步骤

3. 评估指标量化

将定性或定量的指标转换为相应的各属性指标威胁度值，或进行其他标准化处理。由于战场目标的动态特性，威胁评估需要基于实时感知的战场信息，因此需要不断更新目标威胁评估指标数据库。

4. 区分各评估指标的重要性

根据评估目的和目标威胁特点分析各个指标的重要性，研究权重确定方法确定目标威胁评估指标权重。

5. 确定目标威胁评估算法

根据评估的任务和目标特点，研究适合的评估方法对各指标的威胁度进行综合，得出目标总体威胁度。

6. 计算目标威胁度并排序

在评估指标体系及其合理量化的基础上，计算各目标对我方评估节点的威胁程度并科学区分。

对于集群目标威胁评估，在上述评估内容与步骤的基础上，还应考虑各目标之间的协同能力、共同作战企图等因素。

第 2 章

目标威胁评估指标体系及量化方法

目标威胁评估指标体系的建立与量化处理是进行威胁评估的重要基础。目标对节点的威胁程度主要取决于目标自身属性和战场态势,建立科学合理的评估指标体系,是得出公正评估结论的前提。目标威胁评估指标量化过程,就是将对威胁评估指标的定性描述或定量表示,转化为便于威胁评估使用的威胁度值。本章将阐述确定威胁评估指标体系和评估指标量化的一般原则,目标威胁评估指标体系的建立过程,并根据陆战分队目标威胁度依赖于作战环境、战法战术等特点,从多个方面研究目标评估指标的威胁度量化方法,提高目标威胁评估的实用化水平。

2.1 评估指标体系的确定原则与建立方法

属性是人们对一个事物特征的抽象反映和刻画，属性指标（property index）是对事物属性的标度。一个特征只能反映事物的一方面特征或一个侧面，对于一个事物尤其是复杂事物的完整描述，往往需要多个属性指标来刻画事物的不同侧面。若干个相互联系的属性指标所构成的有机体，就称为指标体系。如何构建指标体系以便能真实地反映事物的本来面貌？除了坚持客观性、系统性、完备性、独立性、一致性等一般性原则外，人们往往针对不同的评估对象，会制定出不同的原则。

2.1.1 确定原则

针对陆战场环境中目标种类的多样性和目标属性指标的复杂性，在不影响威胁度评估最终结果的情况下，为了研究方便，我们折中选取一个相对简单且有效的目标威胁评估指标体系。这个体系由两部分指标组成，包括目标共性指标 I_{sam} 和目标差异性指标 I_{dif}，指标体系 I 如式（2-1）：

$$I = I_{sam} + I_{dif} \tag{2-1}$$

I_{sam} 对 I 起到决定性的作用，是陆战分队目标威胁评估的主要依据，为简单起见，一般认为 $I_{dif}=\varnothing$。经过分析研究，I_{sam} 应有下面几个性质。

第 2 章 目标威胁评估指标体系及量化方法

（1）完整性。完整的指标体系是陆战分队目标威胁评估的前提。为避免对目标产生片面认识的评估结果，所建立的指标体系不能遗漏任何一个重要指标，即组成目标的各项指标在理论上是一个完整的集合，各指标之和等于指标特征全集 I，即 $I_1 \cup I_2 \cup \cdots \cup I_n = I$。其中，$I_1, I_2, \cdots, I_n$ 为目标的 n 个指标。

（2）独立性。即有 $I_i \cap I_j = \varnothing$（$i \neq j$ 且 $i, j = 1, 2, \cdots, n$），如果指标间有重叠部分，则增加了重叠部分的权值，评估指标就不够客观。

（3）层次性。为了目标威胁评估的方便，通常在建立目标威胁评估指标体系过程中，把目标属性指标先粗略划分再细分，形成不同层次，以得到便于量化的层次性指标体系结构。

（4）可操作性。为了便于目标威胁评估指标的处理，通常选取的指标含义明确，具备现实收集渠道，便于定性或定量描述，具有可度量性或可测性。

2.1.2 建立方法

建立起简洁实用的评估指标体系是一项非常困难的工作。理论上，指标数量越多，对事物描述得越细致全面，越能客观地呈现事物，但过多的指标难免会出现相互关联性，对评估工作造成困难。过少的指标又难以避免片面性，降低评估的可信度。因此，在建立目标威胁评估指标体系时，需要对评估目标的特征属性进行系统分析，拟定指标集草案，再征询领域著名专家或权威部门意见，反复交流意见，确定指标体系；为避免受制于权威的影响，也可利用专家调查法，或称德尔菲法，集众多专家的智慧与经验，经过量化分析，筛选出重要性指标集，构成评估指标体系。前者过程简单直接、节省时间，但主观性强；后者集思广益、科学严谨，但过程耗时长。两者的过程有所不同，但有一个共同目标，就是保证所建评估指标体系的适度性、客观性。

本书针对陆战目标威胁评估问题，给出一种评估指标体系建立的方法，如图 2-1 所示。首先，根据评估的目的和作战需求，系统地分析评估目标的属性，如目标的毁伤

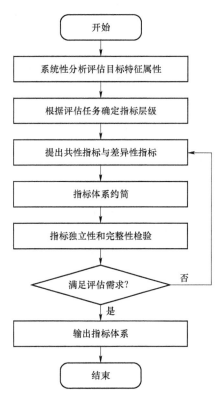

图 2-1 目标威胁评估指标体系建立的一般方法

属性、侦察属性、指挥和控制属性等；然后根据具体任务确定评估指标层级，按照层级对各个指标进行深入探讨；接着，通过对目标属性的分析和划分的层级，提出评估指标体系的共性指标和差异性指标，这一步可以通过专家集思广益、综合讨论等方式得到；针对获得的指标，需要对指标进行约简，去除关联性指标，尽量获得最简化的指标体系；最后，对指标独立性和完整性进行检验，如果不满足评估需求，则需要新一轮的指标构建。

2.2 陆战目标威胁评估的主要指标

陆战目标威胁评估指标较多，为了便于对评估指标进行分析，首先将评估指标进行分类，然后再介绍具体评估指标的含义和描述。

2.2.1 评估指标的分类

陆战分队的地面作战目标种类、型号很多，但大致可以归结为以下几类：坦克、步战车等装甲类目标，自行高炮等地面火炮类目标，武装直升机、无人侦察机等低空类目标，反坦克火箭筒等单兵类目标，弹药、油料补给车等保障类目标。

不同种类的目标，应有不同的威胁评估指标体系；同一种类的目标，不同学者从不同角度考虑也会得到不同的指标体系与层次结构。如有的学者先将威胁评估指标分为目标作战能力指标和态势指标两类，然后再进一步细分建立评估指标体系，也有的学者从时间特性、空间位置、效能作用以及打击力度四个方面来建立威胁评估指标体系。因此，在进行目标威胁评估指标属性的选择与处理时，若基于武器种类来刻画，很难体现出规律性。这里，我们将撇开目标的具体种类（或者说将目标具体种类作为威胁度特征指标之一），依据陆战分队目标的指标特征以及威胁评估的特点，将指标体系分为目标静态指标、目标动态指标以及环境指标三个方面，然后再细分建立的指标体系。

1. 目标静态指标

目标静态指标，简称为静态指标，是指该类指标为目标固有属性，在作战过程中不随时间变化或随时间微弱变化，主要包括目标类型、机动能力、通信能力、指挥控制能力、跟踪搜索能力、射击反应时间、毁伤概率等。需要注意的是，这里所述的静态指标，是相对于动态指标而言的，实际上在评估中静态指标也会发生变化。例如目标损毁时，其机动能力、通信能力、指控能力等都变化。因此，对"静态"的理解应当认为其是一种状态表征。

2. 目标动态指标

目标动态指标，简称为动态指标，是指目标在战场态势环境中的动态参数。该类型参数时刻变化，且与目标的威胁紧密相关，主要包括武器－目标距离、目标速度、火炮角度等。

3. 环境指标

环境指标主要指目标所处的战场态势环境，由于环境影响目标的作战能力，从而影响评估目标的威胁程度。环境指标主要包括地形地物、气象条件影响的通视性、通达性、能见度等。对作战环境的分析能够有效提高目标威胁分析的合理性。

2.2.2 评估指标的含义及描述

在评估目标威胁度时，通常将上述威胁指标进行分类整理，形成陆战目标威胁评估指标体系。根据上述属性指标分类及选取结果，本书拟对机动能力、通信能力、搜索跟踪能力、毁伤能力、目标距离、目标速度、攻击角度、环境因素等部分具有代表性的评估指标进行分析描述。

1. 机动能力

在敌我对抗过程中，机动能力是标志敌目标完成作战企图、袭击我方作战部队的重要属性指标之一。通常认为，机动能力越强的目标，对我方所具有的威胁度越大，因而机动能力就构成一个重要属性指标。

2. 通信能力

在现代战场的作战决策中，通信能力的运用起到非常重要的作用，主要是保障战场评估、决策信息的传输顺畅，以确保作战的优势。因而通信能力越强的目标，认为其威胁度越大。

3. 搜索跟踪能力

搜索跟踪能力在作战过程中是包括侦察能力、机动能力、通信能力的交叉能力的体现,是目标威胁度的重要指标。在作战过程中,如果我方武器装备被敌目标跟踪锁定,那么遭受攻击的概率就会加大,相应地,所受威胁也会增大;反之,则所受威胁会比较小。

4. 毁伤能力

在陆战分队的作战过程中,目标对我方武器装备的毁伤概率越大,则认为目标的威胁度就越大。

5. 目标距离

敌我双方进行对抗时,在目标有效射程内的每个武器平台都会受到目标的威胁。射击距离越近,命中概率越大,我方武器装备(简称为"武器",下同)所受到的威胁也就越大。

6. 目标速度

在图 2-2 中,武器 i 与目标 j 连线上的速度分量 $V_j \cos \alpha_{ij}$ 反映的是目标趋近于武器的程度。其分量越大,趋近程度越大,攻击意图越明显,威胁度越大。

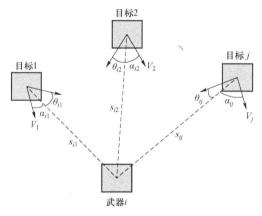

图 2-2 目标威胁示意图

7. 攻击角度

在图 2-2 中,θ_{ij} 反映的是目标瞄准对象的程度。如果目标对我方某武器平台有明显的攻击意图,θ_{ij} 就会比较小,威胁度就会较大。

8. 环境因素

在空战和海战的目标威胁评估过程中,一般只考虑气象的因素,其他因素的影响比较微弱。但是陆战场的地理环境比较复杂,且深刻地影响着评估决策和作战效能发挥。陆战环境因素主要考虑地形条件、气象条件等。

例 2-1 考虑陆战场坦克、步战车、武装直升机、车载反坦克导弹、单兵火箭筒 5 种目标的威胁情况,以我方坦克作为目标威胁评估节点。设置两层指标体系,考虑目标动态指标、目标静态指标和环境指标三个方面,则可以建立一种目标威胁评估的指标体系,如图 2-3 所示。

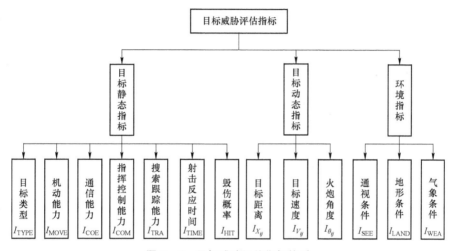

图 2-3 目标威胁评估指标体系

2.3 评估指标量化原则与常用量化方法

2.3.1 量化原则

评估指标的量化方法有多种,但不同量化方法所遵循的原则基本相同。

1. 一致性原则

目标的威胁度要与目标的特征和实战相一致。尤其是涉及不同类型目标的量化时,要充分考虑作战的实际情况,避免量化结果与实际的不一致。例如,考虑目标距离指标的威胁影响时,要充分考虑不同类型目标的量化一致性,使得距离因素能够实实在在反映目标的威胁情况。

2. 准确性原则

在威胁评估中，有些指标是不确定性描述，因此，需要体现出目标的不确定性，最大限度地准确体现指标的威胁。此外，不同类型目标对于指标的量化有所区别，也需要准确把握各个指标的量化特点，使得结果尽量准确。

3. 便捷性原则

陆战目标类型多样，威胁量化较为困难，因此，量化方法要便于实际应用，能够实现程序化处理。

2.3.2 常用量化方法

对陆战分队目标威胁评估指标进行量化表示，是各类信息系统借助于计算机实现目标威胁度自动或半自动评估与排序的基础。尽管目标威胁评估指标多种多样，但依据评估指标的表示特点，均可归为定性指标和定量指标两类。定性指标具有模糊性与不确定性，其量化过程比较复杂，且没有统一的准则；定量指标就是用精确数衡量指标的大小，其本身就已经是量化值，但是，需要将其转换为威胁度值。

1. 定性指标评价语言量化方法

目标威胁的定性指标具有模糊性与不确定性，决策者往往采用多级模糊评价语言对指标值进行描述，这符合决策者的决策心理与实际。现有常用的定性指标评价语言量化方法如下。

1）标度法

标度法，就是决策者根据经验和评价语言规模，用精确数量化评价语言，体现评价语言的优劣程度。

例 2-2 依据决策者的作战经验，将目标的机动能力进行量化。将机动能力指标的评价语言大、中、小直接映射到 0 到 1 区间中的一个精确数，则标度法量化如表 2-1 所示。

表 2-1 标度法量化

机动能力	大	中	小
I_{mov}	0.95	0.75	0.5

该方法的优点是简单且易操作，但主观性较强，且误差较大，不能反映出

指标信息的不确定性。

2）区间数法

区间数法，就是根据评价语言规模，用等间距的区间数表示一定规模的评价语言集，处理的思想还是基于标度法。

定性指标描述需要选择适当的模糊评价语言规模，其一般的模糊评价语言标度如式（2-2）所示：

$$L_j = \{l_k \mid k = 1, 2, \cdots, p\} \quad (2-2)$$

式中，p 为定性指标 I_j 评价语言个数；l_k 为评价语言（l_1 为决策者评价语言的下限，l_p 为决策者评价语言的上限）；L_j 为指标 I_j 所有评价语言的集合。其向区间数转化算法如式（2-3）所示：

$$a_{ij} = l_k \rightarrow \tilde{a}_{ij} = [a_{ij}^l, a_{ij}^u] = \frac{1}{p} * [k-1, k](k = 1, 2, \cdots, p) \quad (2-3)$$

以目标类型指标为例，按其威胁度可以分为一般、比较大和非常大，将其转化为模糊区间数依次为 [0, 0.33]、[0.33, 0.67] 和 [0.67, 1.0]。

该方法的优点是可以体现指标的模糊性与不确定性，但是等间距的区间数表示不能体现实际评价语言的差异程度。

3）Vague 集法

Gau 和 Buehrer 在 20 世纪 90 年代初提出了 Vague 集的相关理论。设论域 $X = (x_1, x_2, \cdots, x_n)$，$X$ 上一个 Vague 集 A 分别由真隶属度函数 t_A 和假隶属度函数 f_A 描述，其中，$t_A(x_i)$ 是由支持 x_i 的证据所导出的肯定隶属度的下界，$f_A(x_i)$ 是由反对 x_i 的证据所导出的否定隶属度的下界，且 $t_A(x_i) + f_A(x_i) \leq 1$。元素 x_i 在 Vague 集 A 中的隶属度被区间 [0, 1] 的一个子区间 $[t_A(x_i), 1 - f_A(x_i)]$ 所界定，称该区间为 x_i 在 A 中的 Vague 值，记为 $v_A(x_i)$。$\forall x \in X$，称 $\pi_A(x) = 1 - t_A(x) - f_A(x)$ 为 x 相对于 Vague 集 A 的不确定度，它是表示 x 相对于 Vague 集 A 的犹豫程度，是 x 相对于 A 的未知信息的一种度量。$\pi_A(x)$ 的值越大，说明 x 相对于 A 的未知信息越多。

对于定性指标，如"目标类型""机动能力"，不同的模糊评价语言对于"目标威胁度"这一模糊概念的隶属度和非隶属度很难通过具体公式进行衡量。因此，具体应用中可选择合适的模糊评价语言集表示，且语言集元素规模要适当，过小不能反映实际情况，过大给评估带来复杂性。

例 2-3 按照威胁程度，将模糊评价语言划分为 11 个等级，则列出 11 级语言变量及对应的 Vague 集，如表 2-2 所示。

表 2-2　11 级模糊评价语言与 Vague 集的转化

等级	极大	很大	大	较大	稍大	中等
Vague 集	[1, 1]	[0.9, 0.95]	[0.8, 0.9]	[0.7, 0.85]	[0.55, 0.7]	[0.4, 0.6]
等级	稍小	较小	小	很小	极小	
Vague 集	[0.4, 0.55]	[0.3, 0.45]	[0.2, 0.3]	[0.1, 0.15]	[0, 0]	

该方法的优点是可以体现指标的模糊性与不确定性，并且在后面章节会详细研究 Vague 值记分函数与 Vague 集距离公式，可以将其应用到评估算法当中。

总体而言，对模糊评价语言的量化研究还处在初级阶段，需要进一步研究能够全面表达语言信息的量化法。

2. 定量指标威胁度量化方法

目标威胁的定量指标是指用具体数值来刻画的指标。定量指标威胁度量化，就是将不同量纲、不同物理意义的定量指标数值转换为无量纲的威胁度值。该类量化过程常用的一般方法是极差法和效用函数法。

1) 极差法

定量指标分为效益型指标、成本型指标，一般其量化方法采用极差法，直接对指标规范化处理，不考虑目标在此指标值下的效用值，其量化方法如下：

$$a_{ij} = \begin{cases} (r_{ij} - \min_i r_{ij})/(\max_i r_{ij} - \min_i r_{ij}) & \text{效益型} \\ (\max_i r_{ij} - r_{ij})/(\max_i r_{ij} - \min_i r_{ij}) & \text{成本型} \end{cases} \quad (2-4)$$

这种量化方法在陆战目标威胁评估中有时候不适用，其主要原因在于不同目标对于同一指标具有的效用值相差太大。如反坦克火箭筒以 500 m 以内的目标作为作战对象，坦克以 2 500 m 以内目标为作战对象，同样在 450 m 距离时用极差法得到的威胁度相同，实际效用显然不同，因此极差法会掩盖其真正的效用。

2) 效用函数法

目标的定量指标，如"目标距离""目标速度"以及"目标航向角"，其取值的不同，体现出目标的威胁度不同（与目标作战性能有关），可以用效用函数表示各定量指标的威胁度。以"目标距离"指标为例，其威胁主要体现在其射击效果上，可以用目标的射击命中概率变化曲线进行效用化处理，因为目标命中作用是其作战效能的体现，因此用它来近似最佳。

例 2-4　命中概率与距离近似看出线性关系，则目标距离威胁度效用曲线如图 2-4 所示。

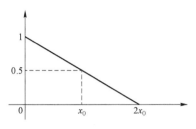

图 2-4 目标距离威胁度效用曲线

图 2-4 中，x_0 为目标有效射程。取值由目标作战性能决定，为固定值。例如，某型现代主战坦克的 $x_0 = 2\,500\ \text{m}$；某型反坦克火箭筒相应的 $x_0 = 500\ \text{m}$。其他定量指标的效用函数在下一节中详细讨论。

2.4 目标威胁评估指标的量化

依据上述量化原则和量化方法，即可对目标的威胁属性指标进行量化。

2.4.1 目标静态指标量化

目标静态指标是目标固有特性，具有时不变特点。一代陆战装备从研制到投入使用，再到后期的改型升级，是一个漫长的过程，在某一特定的时间段内，目标和武器的作战性能，如机动特性、有效射程，可以看作"静止不变"的。因此，从性能角度考虑，目标具备一系列静态指标特征。

1. 目标类型

宏观而言，敌目标类型不同，其作战能力也就不同，对武器平台的威胁就有所不同。如通常情况下，陆战分队武器平台所遇到的目标有武装直升机、坦克、步战车以及反坦克火箭筒等。根据实战经验知，其威胁度排序为：武装直升机、坦克、步战车、反坦克火箭筒，且一般用模糊评价语言表示威胁度。

例 2-5 考虑武装直升机、坦克、步战车、反坦克火箭筒 4 种目标，根据模糊评价语言描述的指标值，采用标度法进行目标类型量化，如表 2-3 所示。

表 2-3 目标类型指标量化

目标类型	武装直升机	坦克	步战车	反坦克火箭筒
目标类型威胁评价值	极大	大	中等	大
标度值	1	0.8	0.5	0.8

注意：对于同一类型的目标，如坦克，其型号不同时威胁度也不同。这里，我们不再进一步细述。

2. 机动能力

在敌我双方灵活的战术运用中，目标的机动能力是敌方达成自己的作战企图和破坏我陆战分队作战意图的重要因素。一般认为，目标的机动能力越强，则目标对我陆战分队的威胁程度就越大，从而机动能力构成我陆战分队威胁的一个方面。目标机动能力由通过（越障）能力指标、速度性能指标、运输机动性指标三个部分构成。其计算公式为

$$I_{\text{move}} = w_{\text{wei}} c_{\text{wei}} + w_{\text{thr}} c_{\text{thr}} + w_{\text{mar}} c_{\text{mar}} \tag{2-5}$$

式中，c_{wei}、c_{thr}、c_{mar} 分别为通过（越障）能力指标、速度性能指标、运输机动性指标；w_{wei}、w_{thr}、w_{mar} 分别为通过（越障）能力指标、速度性能指标、运输机动性指标的权重，且 $w_{\text{wei}} + w_{\text{thr}} + w_{\text{mar}} = 1$。

例 2-6 考虑武装直升机、坦克、步战车、反坦克火箭筒 4 种目标，根据模糊评价语言描述的指标值，采用标度法进行目标机动能力量化，如表 2-4 所示。

表 2-4 机动能力指标量化

目标	武装直升机	坦克	步战车	反坦克火箭筒
机动能力威胁评价值	极大	大	稍大	较小
标度值	1	0.8	0.6	0.4

3. 通信能力

对于陆战分队目标而言，属于侦察、指挥类的装备目标就比一般目标的通信能力强，并且目标的通信能力越强，目标的威胁度就越大。

例 2-7 陆战分队装备具有通信能力的有侦察车、营指挥车、连指挥车、一般装甲车辆，其通信能力指标用模糊评价语言描述，则通信能力指标量化如

表 2-5 所示。

表 2-5　通信能力指标量化

目标	侦察车	营指挥车	连指挥车	一般装甲车辆
通信能力威胁评价值	很大	大	较大	较小
标度值	0.9	0.8	0.7	0.4

4. 指挥控制能力

对于陆战分队目标而言，具有较高指挥控制权的目标就比一般目标造成的威胁大，并且目标的指挥控制能力越强，目标的威胁度就越大，因为指挥控制能力强说明该目标处在分队指挥较高层次上。例如，连指挥车的指挥控制能力比排长车的指挥控制能力强，所以连指挥车就比排长车的威胁度大。

例 2-8　适于陆战分队的指挥装备有营指挥车、连指挥车、排长车以及一般车辆，其指挥控制能力指标用模糊评价语言描述，则指挥控制能力指标量化如表 2-6 所示。

表 2-6　指挥控制能力指标量化

目标	营指挥车	连指挥车	排长车	一般车辆
指挥控制能力威胁评价值	大	稍大	较小	小
标度值	0.8	0.6	0.4	0.2

5. 发现目标能力

发现是打击目标的前提，只有成功发现目标才能对其进行火力打击。在主战装备对抗过程中，如果武器平台已经被目标发现，那么武器极有可能成为目标下一个打击对象，此时，目标的威胁度就比较大；如果目标没有发现武器，也就不可能把武器作为打击对象，此时，目标威胁度就比较小。发现目标能力与武器观瞄装置性能及车长观瞄技能等有关，可表示为

$$I_{\text{fine}} = \lambda_{\text{obs}} \lambda_{\text{lea}} I_{\text{fin}}^0 \qquad (2-6)$$

式中，λ_{obs} 为武器观瞄装置性能系数；λ_{lea} 为车长观瞄技能系数；I_{fin}^0 为通视条件下发现目标概率。

例 2-9　针对陆战武器武装直升机、坦克、步战车、反坦克火箭筒，用模

糊评价语言描述发现目标能力指标的威胁评价值，则发现目标能力指标量化如表 2-7 所示。

表 2-7 发现目标能力指标量化

目标	武装直升机	坦克	步战车	反坦克火箭筒
发现目标能力威胁评价值	极大	较大	稍大	小
标度值	1	0.7	0.6	0.3

6. 射击反应时间

射击反应时间，是指从射手在瞄准镜中发现目标到火炮击发所经历的时间，其主要分为三个阶段：发现目标到跟踪目标时间 t_1，测距并调炮时间 t_2，瞄准射击时间 t_3。那么射击反应时间 $T = t_1 + t_2 + t_3$，依据陆战分队作战原则"先敌射击，首发命中"，目标射击反应时间越短，越可能先于武器平台射击，目标的威胁度就越大，反之威胁度越小，目标威胁度与射击反应时间紧密相关。射击反应时间指标量化式如下：

$$I_{\text{time}} = T^0 / T \tag{2-7}$$

式中，T^0 为该类型装备在理想条件下射击反应时间；T 为该车日常训练时平均射击反应时间。

例 2-10 针对陆战武器武装直升机、坦克、步战车、反坦克火箭筒，用模糊评价语言描述射击反应时间的威胁评价值，则射击反应时间指标量化如表 2-8 所示。

表 2-8 射击反应时间指标量化

目标	武装直升机	坦克	步战车	反坦克火箭筒
射击反应时间威胁评价值	大	较小	小	极大
标度值	0.8	0.4	0.3	1

7. 毁伤概率

陆战分队在作战中，当战场上出现多个目标对我构成威胁时，作战目的就是最大限度地毁伤敌目标，以减少对我的威胁。目标对我装备毁伤概率越大，我装备被毁伤的可能性就越大，目标威胁度就越大。因此，毁伤概率是威胁评

估重要指标之一。毁伤概率与射手技能以及火炮性能有关，可表示为

$$I_{hit} = \lambda_{sho} \lambda_{gun} I_{hit}^0 \tag{2-8}$$

式中，λ_{sho} 为射手技能系数；λ_{gun} 为火炮的性能系数；I_{hit}^0 为理想条件下武器毁伤概率。

例 2-11 针对陆战武器武装直升机、坦克、步战车、反坦克火箭筒，用模糊评价语言描述毁伤概率指标的威胁评价值，则毁伤概率指标量化如表 2-9 所示。

表 2-9 毁伤概率指标量化

目标	武装直升机	坦克	步战车	反坦克火箭筒
毁伤概率威胁评价值	很大	大	稍大	稍小
标度值	0.9	0.8	0.6	0.4

对于上述各表中的静态定性指标，还可以根据具体评估算法的需要，将其按式（2-3）或表 2-2，分别转化为区间数与 Vague 集的表示形式。

2.4.2 目标动态指标量化

目标动态指标是指随着时间变化和作战的推进而不断变化的指标，如目标距武器的距离等。动态指标往往更能反映目标的作战意图，其选取也更复杂。动态指标的另一个特点就是都为定量指标，可通过效用函数对其威胁度进行量化。为了便于表述，设想一个简单的战场态势，如图 2-5 所示。

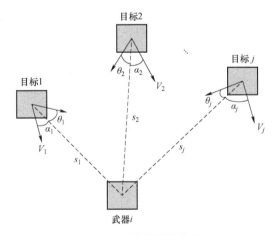

图 2-5 简化战场态势

图 2-5 中，α_j 表示目标速度方向与武器目标连线的夹角，θ_j 表示火炮身管方向与武器目标连线的夹角。

1. 动态指标预测

目标动态指标是战场中目标态势信息，具有时变性。依据获得的目标威胁指标进行评估，实际是根据 t_n 时刻态势进行评估，即对前一时刻战场态势的评估，不能有效反映当前态势实际情况，如图 2-6 所示。为获得当前态势的评估结果，需要依据前一时刻的态势预测下一时刻态势（只针对目标动态指标）。根据 GM(1,1) 模型的预测功能，建立动态指标的预测模型，获得当前的动态指标，经过评估可获得更加科学的评估结果。

图 2-6 动态指标更新

GM(1,1) 建模的基本作用是消除原始信息的随机性和波动性，更好地反映信息变化的规律。其预测的一般步骤如下。

（1）假设 $\boldsymbol{X}^{(0)} = (x^{(0)}(1), x^{(0)}(2), \cdots, x^{(0)}(n))$ 是一组原始数据序列，对 $\boldsymbol{X}^{(0)}$ 进行处理：

$$x^{(1)}(k) = \sum_{i=1}^{k} x^{(0)}(i), k = 1, 2, \cdots, n \qquad (2-9)$$

生成新序列：$\boldsymbol{X}^{(1)} = (x^{(1)}(1), x^{(1)}(2), \cdots, x^{(1)}(n))$。

（2）根据

$$z^{(1)}(k) = \frac{1}{2}(x^{(1)}(k) + x^{(1)}(k-1)), k = 1, 2, \cdots, n \qquad (2-10)$$

生成 $\boldsymbol{X}^{(1)}$ 的紧邻均值序列：$\boldsymbol{Z}^{(1)} = (z^{(1)}(1), z^{(1)}(2), \cdots, z^{(1)}(n))$。

（3）建立 GM(1,1) 灰色微分方程：

$$x^{(0)}(k) + az^{(1)}(k) = b,$$

其中，a、b 满足

$$\hat{\boldsymbol{\alpha}} = [a, b]^{\mathrm{T}} = (\boldsymbol{B}^{\mathrm{T}} \boldsymbol{B})^{-1} \boldsymbol{B}^{\mathrm{T}} \boldsymbol{Y},$$

并且有

$$\boldsymbol{Y} = \begin{bmatrix} x^{(0)}(2) \\ x^{(0)}(3) \\ \vdots \\ x^{(0)}(n) \end{bmatrix}, \quad \boldsymbol{B} = \begin{bmatrix} -z^{(1)}(2) & 1 \\ -z^{(1)}(3) & 1 \\ \vdots & \vdots \\ -z^{(1)}(n) & 1 \end{bmatrix}。$$

（4）确定 GM(1,1) 模型灰色微分方程的白化方程：

$$\frac{\mathrm{d}x^{(1)}}{\mathrm{d}t} + ax^{(1)} = b$$

其响应序列为

$$\hat{x}^{(1)}(k+1) = \left(x^{(1)}(1) - \frac{b}{a}\right)\mathrm{e}^{-ak} + \frac{b}{a}, k = 1, 2, \cdots, n \text{。}$$

又因为 $x^{(1)}(1) = x^{(0)}(1)$，则有

$$\hat{x}^{(1)}(k+1) = \left(x^{(0)}(1) - \frac{b}{a}\right)\mathrm{e}^{-ak} + \frac{b}{a}, k = 1, 2, \cdots, n \quad (2-11)$$

（5）将响应序列值还原到式（2-12），完成动态指标预测：

$$\hat{x}^{(0)}(k+1) = \hat{x}^{(1)}(k+1) - \hat{x}^{(1)}(k) \quad (2-12)$$

GM(1,1)预测模型需要的原始数据量小，预测精度高，计算过程简单，符合动态指标预测的一般要求。

2. 目标动态指标量化方法

1）武器目标距离

陆战分队进入作战区域后，武器与目标基本都在对方的有效射程之内，每个目标都会对武器产生威胁。由于主战装备的火炮都是直瞄武器，目标与武器的距离越小，弹道曲线的曲率越小，目标命中概率就越大，武器受到的威胁度越大。武器目标距离威胁指标可表示为

$$I_{\mathrm{dis}} = \begin{cases} 0.5\left(1 + \dfrac{r_j - s_j}{r_j}\right), & 0 \leqslant s_j \leqslant 2r_j \\ 0, & s_j > 2r_j \end{cases} \quad (2-13)$$

式中，r_j 为第 j 个目标的有效射程；s_j 为第 i 个武器平台与第 j 个目标之间的距离。

2）目标速度

见图 2-5，武器目标连接线上速度分量 $V_j \cos(\alpha_j)$ 反映的是目标趋近于武器的程度，这个分量越大说明该目标趋近武器程度越大，攻击意图越明显，那么该目标的威胁程度就越大。目标速度可反映目标的攻击意图，是威胁评估指标重要组成部分。目标速度威胁指标可以表示为

$$I_{\mathrm{spe}} = \begin{cases} V_j \cos(\alpha_j)/V_{j\max}, & 0° \leqslant \alpha_j \leqslant 90° \\ 0, & 90° \leqslant \alpha_j \leqslant 180° \end{cases} \quad (2-14)$$

式中，$V_{j\max}$ 表示第 j 个目标的最大行驶速度。

3）攻击角度

见图 2-5，θ_j 直接反映目标的瞄准对象，如果武器是目标的攻击对象，那么角度 θ_j 会比较小，对武器的威胁度非常大，攻击角度指标是评估指标体系重要组成部分，可表示为

$$I_{\text{ang}} = \begin{cases} 1-\theta_j/90°, & 0° \leqslant \theta_j < 90° \\ 0, & 90° \leqslant \theta_j \leqslant 180° \end{cases} \quad (2-15)$$

2.4.3 环境指标量化

目前，威胁评估研究主要集中于海、空战场。因为海、空战场环境相对简单，作战过程受环境影响小，一般只考虑气象条件对威胁度的影响而不考虑地理环境对威胁度的影响。而陆地战场复杂多变，并且深刻影响分队作战指挥和战斗结果。因此，为保证陆战分队威胁评估结果的有效性，就必须考虑环境因素，以得到符合陆战分队作战要求的评估结果。

1. 通视条件

通视条件是指目标观察系统能否观察到武器的一种性质。如果由于障碍物（地物）的遮挡，目标不能发现武器装备，尽管目标-武器距离较近，且目标攻击能力较强，那么目标的威胁程度仍较小。通视条件指标可表示为

$$I_{\text{look}} = 1 - s_{\text{see}}/s^0 \quad (2-16)$$

式中，s_{see} 为武器平台没有被遮挡的面积；s^0 为无遮挡条件下目标暴露的面积。

2. 地形条件

对于陆战分队作战而言，地形条件影响着目标机动性以及目标火力打击的及时有效性。地形条件好，目标的机动更加灵活，火力打击快且准，与地形条件差的环境相比，此时的目标威胁度自然比较大。

例 2-12 针对陆战地形条件指标特点对其进行威胁量化，考虑 5 个等级的地形条件，则地形条件指标量化如表 2-10 所示。

表 2-10 地形条件指标量化

地形条件	非常好	较好	一般	较差	恶劣
指标量化结果	1	0.8	0.6	0.3	0.1

3. 气象条件

气象条件复杂多变是陆地战场的主要特点之一，它主要影响目标的发现能力以及射击命中概率。在气象条件良好情况下，目标自然更容易发现我武器装备，并且命中概率较大。但是如果在大雾、霾、雨、雪等恶劣气象条件下，由于战场能见度低，目标发现武器的难度增大，即使发现也不能保证正常的命中概率。

例 2-13 气象条件主要是影响战场能见度，考虑 5 个等级的气象条件，则气象条件指标量化如表 2-11 所示。

表 2-11 气象条件指标量化

气象条件	非常好	较好	一般	较差	恶劣
指标量化结果	1	0.9	0.7	0.4	0.2

2.5 威胁评估矩阵的确定

威胁评估矩阵是指对评估目标各个指标进行描述的数值矩阵。评估矩阵是进行威胁评估的前提，指标权重确定、威胁计算等都需要依赖于评估矩阵。

威胁评估矩阵通常是在确定指标体系、完成指标威胁量化后得到的评估基础数据。得到威胁评估矩阵后，可以将不同场景、不同目标的威胁评估问题转化为通用的评估问题，大大拓展了目标威胁评估的处理渠道。为便于后续章节的分析和介绍，这里先对威胁评估矩阵建立过程进行说明。

1. 建立目标威胁初始指标数据矩阵

设某战场态势下，待评估的目标数量为 m，根据 2.1 节的方法确定 n 个威胁评估的属性指标。待评估的目标集合记为 $A=\{A_1,A_2,\cdots,A_m\}$，属性指标集合记为 $I=\{I_1,I_2,\cdots,I_n\}$。每个目标在每个指标下的初始指标数据为 $\tilde{a}_{ij}(i=1,2,\cdots,m,j=1,2,\cdots,n)$，则目标威胁初始指标数据矩阵表示为

$$\tilde{A}_0 = \begin{bmatrix} \tilde{a}_{11} & \tilde{a}_{12} & \cdots & \tilde{a}_{1n} \\ \tilde{a}_{21} & \tilde{a}_{22} & \cdots & \tilde{a}_{2n} \\ \vdots & \vdots & \ddots & \vdots \\ \tilde{a}_{m1} & \tilde{a}_{m2} & \cdots & \tilde{a}_{mn} \end{bmatrix} \quad (2-17)$$

其中，$\tilde{a}_{ij}$ 为目标 A_i 第 I_j 个属性指标的评价值，可以为模糊语言描述：极大、较大、较小等；也可以为具体的物理量描述，如目标距离 2 000 m、攻击角度 30°等；还可以是定性的评价：优、良、中、差等。$\tilde{a}_{ij}$ 的确定与建立的指标体系密切相关，$\tilde{a}_{ij}$ 一般通过战场的信息感知装备和决策者的评价意见得到。

2. 计算目标威胁指标数据量化矩阵

式（2-17）中的值为目标各个属性指标的初始值，根据 2.3～2.4 节的量化原则和量化方法对初始值进行处理，得到指标数据量化矩阵：

$$\tilde{A}' = \begin{bmatrix} \tilde{a}'_{11} & \tilde{a}'_{12} & \cdots & \tilde{a}'_{1n} \\ \tilde{a}'_{21} & \tilde{a}'_{22} & \cdots & \tilde{a}'_{2n} \\ \vdots & \vdots & \ddots & \vdots \\ \tilde{a}'_{m1} & \tilde{a}'_{m2} & \cdots & \tilde{a}'_{mn} \end{bmatrix} \quad (2-18)$$

式中，$\tilde{a}'_{ij}$ 为目标 A_i 第 I_j 个属性指标的威胁量化值，可以以实数、区间数、模糊数进行表示。

3. 确定威胁评估矩阵

威胁评估矩阵是通过对威胁指标数据量化矩阵进行标准化之后得到。标准化主要是解决类型一致性问题以及归一化问题。以实数指标类型描述为例，效益型、成本型和折中型 3 种指标的标准化如下。

（1）效益型指标。效益型指标是指目标的指标值越大，其威胁度越大，按照如下方式进行处理：

$$a_{ij} = \frac{\tilde{a}'_{ij} - \min\limits_{i=1,2,\cdots,m}(\tilde{a}'_{ij})}{\max\limits_{i=1,2,\cdots,m}(\tilde{a}'_{ij}) - \min\limits_{i=1,2,\cdots,m}(\tilde{a}'_{ij})}, j = 1,2,\cdots,n \quad (2-19)$$

（2）成本型指标。成本型指标是指目标的指标值越小，其威胁度越大，按照如下方式进行处理：

$$a_{ij} = \frac{\max\limits_{i=1,2,\cdots,m}(\tilde{a}'_{ij}) - \tilde{a}'_{ij}}{\max\limits_{i=1,2,\cdots,m}(\tilde{a}'_{ij}) - \min\limits_{i=1,2,\cdots,m}(\tilde{a}'_{ij})}, j = 1,2,\cdots,n \quad (2-20)$$

（3）折中型指标。折中型指标是指目标的指标值越接近中间值，其威胁度越大，按照如下方式进行处理：

$$a_{ij} = \frac{\left| \tilde{a}'_{ij} - \tilde{a}^*_j \right|}{\max\limits_{i=1,2,\cdots,m}(\tilde{a}'_{ij}) - \min\limits_{i=1,2,\cdots,m}(\tilde{a}'_{ij})}, j = 1,2,\cdots,n \quad (2-21)$$

式中，$\tilde{a}_j^*$ 为设定的中间值。

通过标准化处理，则可以得到目标威胁评估矩阵：

$$A = \begin{bmatrix} a_{11} & a_{12} & \cdots & a_{1n} \\ a_{21} & a_{22} & \cdots & a_{2n} \\ \vdots & \vdots & \ddots & \vdots \\ a_{m1} & a_{m2} & \cdots & a_{mn} \end{bmatrix} \quad (2-22)$$

需要注意的是，上述处理方法是针对实数表示的数据进行处理，如果用模糊数等其他描述方式，则需要采用与之对应的标准化方法。

例 2-14 目标威胁评估中，模糊评价语言对指标的描述具有重要作用，实际操作性很强，因此，通常应用较为广泛。可以根据表 2-2 将模糊评价语言转化为 Vague 值，实现模糊评价语言的指标量化。但是，由于指标类型不同，有的是效益型指标，则需要对这些指标进行规范化处理。对于利用 Vague 集描述的指标，其处理方式如下：

$$\begin{cases} \begin{cases} t_{ij} = (\tilde{a}_{ij} - \min_i \tilde{a}_{ij})/(\max_i \tilde{a}_{ij} - \min_i \tilde{a}_{ij}), i \in m, j \in n \\ f_{ij} = (\max_i \tilde{a}_{ij} - \tilde{a}_{ij})/(\max_i \tilde{a}_{ij} - \min_i \tilde{a}_{ij}), i \in m, j \in n \end{cases} \text{效益型} \\ \begin{cases} t_{ij} = (\max_i \tilde{a}_{ij} - \tilde{a}_{ij})/(\max_i \tilde{a}_{ij} - \min_i \tilde{a}_{ij}), i \in m, j \in n \\ f_{ij} = (\tilde{a}_{ij} - \min_i \tilde{a}_{ij})/(\max_i \tilde{a}_{ij} - \min_i \tilde{a}_{ij}), i \in m, j \in n \end{cases} \text{成本型} \end{cases} \quad (2-23)$$

式中，a_{ij} 为 Vague 值，目标 i 对应于 Vague 集 A_i。

第 3 章
目标威胁评估指标赋权方法

人们要评价一个多属性描述的事物,总会有所侧重。相应地,从评估的角度看,各评估指标并不同等重要。为了体现评估指标体系中各指标的作用和地位,就需要对各评估指标赋予相应的权重,以区分各指标间的相对重要程度。同一组指标数值,不同的权重会导致不同的评估结论,因此,权重取值的科学性直接影响评估结果的合理性与有效性。在目标威胁评估方面,已有些成熟指标赋权算法得到实际应用,但各自也都存在明显的优缺点。如何兼顾各种方法的优点,达到多种方法优势互补的目的,是目前威胁评估指标赋权研究的热点与难点。本章首先介绍一些基本的指标赋权方法,然后阐述作者研究改进的一些赋权方法。

3.1 指标权重基本概念及赋权原则

指标权重是指每项指标对总目标实现的贡献程度，它是反映各项指标在整体价值中的相对重要程度及所占比重大小的量化值。

对于多属性的递阶层次性评估指标体系来说，指标权重是表征下层指标对于上层目标作用大小的度量，根据指标在指标体系中作用与地位的不同，主要有两个方面的差异。

（1）决策者认为各指标影响目标威胁度的程度不同。

（2）各指标在目标威胁评估中给决策者提供的信息量不同。

因此，在威胁评估中，根据指标两个方面的差异，将指标权重分为主观权重与客观权重。

一个指标体系的权重集：$\{w_j | j=1,2,\cdots,n\}$，需要满足下面两个条件。

（1）$0 < w_j < 1 (j=1,2,\cdots,n)$。

（2）$\sum_{j=1}^{n} w_j = 1$。

依据赋权条件以及陆战分队指标体系的特点，总结得出指标赋权过程中需要遵守的原则如下。

（1）指标体系优化原则。在目标威胁评估指标体系中，各个指标对威胁评估的结果都有各自的贡献率。因此，在指标赋权时，要从整体出发，综合考虑每个指标的权重。在指标赋权过程中就要遵守体系优化原则，把指标体系最优化作为赋权出发点和落脚点。根据这个原则，研究各指标对目标威胁评估的作用和贡献，最后对重要程度作出定量判断。

（2）主客观相结合原则。主观权重反映了决策者的偏好，当他们觉得某个指标很重要，就赋予该指标以较大的权重；客观权重则需要基于一定准则，依据评估值矩阵进行指标赋权。为了兼顾主客观赋权法的优势，只有融合主客观赋权法，实现优势互补，才能获得较为理想的指标权重。

3.2 主观赋权法

主观赋权法，即由专家给出指标偏好信息，再根据一定的算法准则得到指标权重。

3.2.1 德尔菲法

德尔菲法是一种集中多位专家意见的专家咨询法。该方法是选取对评估内容熟悉的领域内多位专家，采取背靠背的形式征询要确定的内容，并用统计的方法分析处理。其具体操作步骤如下。

（1）组织 m 个专家，对每个指标 $X_j(j=1,2,\cdots,n)$ 的权重 w_j 进行估计，得到指标权重的估计值：$w_{i1},w_{i2},\cdots,w_{in}(i=1,2,\cdots,m)$。

（2）计算 m 个专家给出的估计权重的平均值：

$$\overline{w_j}=\frac{1}{m}\sum_{i=1}^{m}w_{ij}(j=1,2,\cdots,n) \qquad (3-1)$$

（3）计算估计值与平均值的偏差：

$$\Delta_{ij}=\left|w_{ij}-\overline{w_j}\right|(i=1,2,\cdots,m;j=1,2,\cdots,n) \qquad (3-2)$$

（4）如果偏差 Δ_{ij} 较大，则对第 j 个指标权重估计值，再请 k 个专家重新估计 w_{kj}，经过几轮反复，直到偏差满足一定的要求为止，最后得到一组指标权重的平均修正值 $w_j(j=1,2,\cdots,n)$。

3.2.2 环比值法

环比值法又称为环比系数法（DARE 法），该方法是在缺少目标信息情况下的一种有效的赋权方法，处理过程比层次分析法简单，但精度要比层次分析法低。该方法的实质就是将指标任意排列，设定第一个指标重要性为1，再作出后一个指标与前一个指标重要性比值，最后累积得到各指标的权重，其基本步骤如下。

（1）把 n 个指标任意排列。

（2）计算相邻指标的重要性比值 A_{j+1}，A_{j+1} 为第 $j+1$ 个指标的重要性与第 j 个指标的重要性之比，设定第一个 $A_1 = 1$。

（3）以第一个指标重要性为基准，按照式（3-3）计算每个指标的重要性：

$$R_j = \prod_{i=1}^{j} A_i, R_1 = 1 \qquad (3-3)$$

（4）以式（3-4）求解各指标权值：

$$w_{1j}^1 = \frac{R_j}{\sum_{i=1}^{n} R_j} \qquad (3-4)$$

环比值指标赋权法求解步骤简单，需要的专家偏好信息小，其应用比较广泛。但是，由于其只作出相邻指标间的重要度比率，不能反映一个指标与其他所有指标的重要度比率。

3.2.3 层次分析法

层次分析法（analytic hierarchy process，AHP），是一种综合了定性与定量分析、使人脑思维模型化的评估方法。

层次分析法的基本思路是通过指标判断矩阵计算出指标权重，然后对判断矩阵进行一致性检验，克服判断矩阵设定不合理的不足。该方法是主观赋权法中应用最广泛的，理论性比较强，处理过程比较严谨。其基本步骤如下。

1. 构造指标判断矩阵 A

成对比较就是针对上一层的某个因素对于本层次所有元素的影响，进行相对重要程度的两两比较（类似于环比值法中的重要性比率）。比较中，一般采用能使决策判断定量化的1~9及其倒数的标度方法，即判断矩阵 A 元素 a_{ij} 的取值范围可以是1,2,…,9及其倒数1,1/2,1/3,…,1/9（表3-1）。根据重要程度比值的实际需要，也可以采用其他实数表示。

表 3–1　比较判断标度的含义

1	两因素相比具有相同的重要性
3	两因素相比，前者比较重要，比后者重要性高 3 倍
5	两因素相比，前者比较重要，比后者重要性高 5 倍
7	两因素相比，前者比较重要，比后者重要性高 7 倍
9	两因素相比，前者比较重要，比后者重要性高 9 倍
2、4、6、8	上述两相邻判断的中值

2. 权重确定

依据矩阵 A，计算指标权重向量 $W=(w_1,w_2,\cdots,w_n)$。其求解方法很多，主要有求和法、正则法和方根法。这里，我们选择方根法。

（1）依据式（3–5）计算矩阵 A 按行相乘的乘积 M_i。

$$M_i=\prod_{j=1}^{n}a_{ij}(i=1,2,\cdots,n) \quad (3-5)$$

（2）依据式（3–5）计算 M_i 的 n 次方根 $\overline{MI}_i$：

$$\overline{MI}_i=\sqrt[n]{M_i}(i=1,2,\cdots,n) \quad (3-6)$$

（3）依据式（3–6）对向量 $\overline{MI}_i$ 做归一化处理：

$$w_{2j}^1=\overline{MI}_i/\sum_{j=1}^{n}\overline{MI}_j(i=1,2,\cdots,n) \quad (3-7)$$

则 w_{2j}^1 即为所求的权重向量。

3. 一致性检验

判断矩阵一致性检验，就是检验 A 中元素的判断质量。如果 A 满足式子 $a_{ij}=a_{ik}a_{kj}(i,j,k=1,2,\cdots,n)$，则可以说明 A 具有完全一致性，而且满足式子

$$AW=\lambda_{\max}W=nW$$

式中，$\lambda_{\max}$ 为 A 的最大特征值。通常用公式

$$CR=CI/RI=(\lambda_{\max}-N)/(N-1)RI$$

来检验 A 的一致性。CI 越接近于零，A 越满足检验要求，随机一致性指标与阶

数的关系如表 3-2 所示。

表 3-2 随机一致性指标与阶数的关系

阶数	3	4	5	6	7	8	9	10	11
RI	0.5	0.90	1.12	1.26	1.36	1.41	1.46	1.49	1.52

CI 为一致性指标，RI 为平均随机一致性指标，CR 为随机一致性比例。当 CR < 0.1 时，认为评估矩阵一致性符合要求，即认为层次总排序结果具有较满意的一致性，并接受该分析结果；若 CR > 0.1，则需对权重进行调整，再进行一致性检验，直至获得满足一致性要求的指标权重。

由上述实现过程可见，层次分析法在一定程度上克服了主观性的影响，但其对专家经验的丰富程度要求比较高。

除上述几种方法外，还有环比系数法、集值迭代法、最小平方法和特征向量法等主观赋权方法。但是，环比值法和层次分析法是目前应用最广泛的主观赋权法。主观赋权法的优点是决策者可根据指标对目标威胁度的影响以及自身经验确定各指标权重，赋权结果与决策者心中指标重要程度相违背的情况不会出现；其缺点是赋权结果具有主观性，受到决策者知识和经验丰富程度影响较大。

3.3 客观赋权法

客观赋权法，主要是依据指标之间的联系程度以及各指标提供信息量的大小，对指标的重要程度进行度量，典型的方法有信息熵法、离差函数最大化法和逼近理想点法。其优点是客观性强，不依赖于决策者个人偏好；缺点是确定的权重可能与实际情况不一致，导致最重要指标的权重不一定最大，而不重要的指标权重却较大。为方便分析，目标威胁评估矩阵如下：

$$A = \begin{bmatrix} a_{11} & a_{12} & \cdots & a_{1n} \\ a_{21} & a_{22} & \cdots & a_{2n} \\ \vdots & \vdots & \ddots & \vdots \\ a_{m1} & a_{m2} & \cdots & a_{mn} \end{bmatrix}$$

3.3.1 信息熵法

信息熵法，是以信息论中对熵的定义为基础，计算各指标的熵值来确定指标权重的赋权法。对于 m 个目标有 n 个指标而言，其具体步骤如下。

（1）将目标指标矩阵 $\boldsymbol{A}$ 中 a_{ij} 规范化为 $\boldsymbol{R}=(r_{ij})_{mn}$。

（2）对 $\boldsymbol{R}=(r_{ij})_{mn}$ 进行归一化，得到归一化矩阵 $\dot{\boldsymbol{R}}=(\dot{r}_{ij})_{mn}$，其中 $\dot{r}_{ij}$ 如式（3-8）所示：

$$\dot{r}_{ij}=\frac{r_{ij}}{\sum_{i=1}^{m}r_{ij}}(i=1,2,\cdots,m;\quad j=1,2,\cdots,n) \qquad (3-8)$$

（3）计算指标 u_j 的信息熵 E_j：

$$E_j=-\frac{1}{\ln m}\sum_{i=1}^{m}\dot{r}_{ij}\ln\dot{r}_{ij}(j=1,2,\cdots,n) \qquad (3-9)$$

（4）依据式（3-10）计算指标权重：

$$w_{1j}^{2}=\frac{1-E_j}{\sum_{k=1}^{m}(1-E_k)}(j=1,2,\cdots,n) \qquad (3-10)$$

信息熵法是依据各指标在威胁评估中提供信息量的多少来给出指标权重，一个指标在评估中提供的信息越多，该指标对评估的贡献量越大，其赋予的权重就会越大，但其具有随机性，目标指标值改变会导致得到的权重改变。

3.3.2 离差函数最大化法

离差函数最大化法，即用指标值间的差值进行赋权，目标指标值离差越大，越便于目标威胁评估，则赋予的权重越大。寻找使各目标指标之间差别最大的权重是本方法的基本思想，其计算步骤如下。

（1）对于指标 u_j，定义目标 x_i 与其他目标的偏差用 $D_{ij}(\boldsymbol{\eta})$：

$$D_{ij}(\boldsymbol{\eta})=\sum_{k=1}^{m}d(r_{ij},r_{kj})\eta_j,i\in m,j\in n \qquad (3-11)$$

式中，$d(r_{ij},r_{kj})$ 表示指标值 r_{ij} 与指标值 r_{kj} 之间的距离，η_j 表示待求的权重，且 $d(r_{ij},r_{kj})=\left|r_{ij}-r_{kj}\right|$。

(2)令 $D_j(\boldsymbol{\eta}) = \sum_{i=1}^{m} D_{ij}(\boldsymbol{\eta}) = \sum_{i=1}^{m}\sum_{k=1}^{m} d(r_{ij}, r_{kj})\eta_j (j \in m)$,对于指标 u_j, $D_j(\boldsymbol{\eta})$ 表示所有目标与其他目标的总偏差,权重向量 $\boldsymbol{\eta}$ 的选取使总偏差最大(偏差越大,各目标的区分度越大,越利于威胁评估),构造偏差函数如下:

$$D(\boldsymbol{\eta}) = \sum_{j=1}^{n} D_j(\boldsymbol{\eta}) = \sum_{j=1}^{n}\sum_{i=1}^{m}\sum_{k=1}^{m} d(r_{ij}, r_{kj})\eta_j \qquad (3-12)$$

(3)求解权重向量 $\boldsymbol{\eta}$ 的问题等同于求解下面的单目标最优化问题:

$$\begin{cases} \max D(\boldsymbol{\eta}) = \sum_{j=1}^{n}\sum_{i=1}^{m}\sum_{k=1}^{m} d(r_{ij}, r_{kj})\eta_j \\ \text{s.t} \sum_{j=1}^{m} \eta_j^2 = 1 (\eta_j \geqslant 0, j \in m) \end{cases} \qquad (3-13)$$

(4)求解该模型,具体的求解过程这里不再赘述,得到

$$\eta_j = \frac{\sum_{i=1}^{m}\sum_{k=1}^{m} d(r_{ij}, r_{kj})}{\sqrt{\sum_{j=1}^{n}\left(\sum_{i=1}^{m}\sum_{k=1}^{m} d(b_{ij}, b_{kj})\right)^2}}$$

对权重向量进行归一化处理,即可得规范化权重:

$$w_{2j}^2 = \frac{\eta_j}{\sum_{j=1}^{n}\eta_j} = \frac{\sum_{i=1}^{m}\sum_{k=1}^{m} d(r_{ij}, r_{kj})}{\sum_{j=1}^{n}\sum_{i=1}^{m}\sum_{k=1}^{m} d(r_{ij}, r_{kj})}, j \in n \qquad (3-14)$$

离差函数最大化法与信息熵法一样,基于目标指标矩阵进行赋权,所得结果存在随机性。

3.3.3 逼近理想点法

设系统的理想点(理想解)为 $\boldsymbol{X}^* = (x_1^*, x_2^*, \cdots, x_n^*)^{\mathrm{T}}$,系统第 i 个任意点(可行解、评估对象)$\boldsymbol{X}_i = (x_{i1}, x_{i2}, \cdots, x_{in})^{\mathrm{T}} (i = 1, 2, \cdots, m)$ 与 $\boldsymbol{X}^*$ 间的欧几里得距离为

$$d_i = \sum_{j=1}^{n} [w_j(x_{ij} - x_j^*)]^2 \quad (i = 1, 2, \cdots, m) \qquad (3-15)$$

现在求使所有的 d_i 之和取最小值的权重系数 w_j,即求优化问题:

第 3 章　目标威胁评估指标赋权方法

$$\begin{cases} \min \sum_{i=1}^{m} d_i = \sum_{i=1}^{m}\sum_{j=1}^{n}[w_j(x_{ij}-x_j^*)]^2 \\ \text{s.t.} \sum_{j=1}^{n} w_j = 1 \\ w_j > 0 \end{cases} \quad (3-16)$$

由拉格朗日函数求解法，得

$$w_j = \frac{\dfrac{1}{\sum_{i=1}^{m}(x_{ij}-x_j^*)^2}}{\sum_{j=1}^{n}\dfrac{1}{\sum_{i=1}^{m}(x_{ij}-x_j^*)^2}} \quad (j=1,2,\cdots,n) \quad (3-17)$$

逼近理想点法是突出整体差异的权重确定方法，具有客观、评估过程透明和保序性好的特点。

此外，常用的客观赋权法还有变异系数法、主成分分析法等。

3.4　组合赋权法

组合赋权法就是综合各单一赋权法的结果，以期实现优势互补。主客观单一指标赋权方法已经比较成熟，并且不乏在多个领域的评估过程中成功应用的案例，但是，单一主观赋权法或客观赋权法所存在的不足也不容忽视。为了扬长避短，达到主观赋权与客观赋权优势互补的目的，有学者提出主客观组合赋权法。

3.4.1　简单线性加权法

简单线性加权法，即选用一种主观赋权法和一种客观赋权法进行线性融合。该算法虽然比较简单，但也是权重优化的一种途径。如式（3-18）所示，得到的指标组合权重 $W=(w_1,w_2,\cdots,w_n)$，即可作为目标各个指标的组合权重：

$$w_j = \alpha\varepsilon_j + \beta\mu_j \quad (3-18)$$

式中，ε_j 为主观赋权法确定的第 j 个指标权重；μ_j 为客观赋权法确定的第 j 个指标权重；α 为主观权重影响因子，β 为客观权重影响因子，且满足 $\alpha+\beta=1$，其确定的准则：专家的战场经验越丰富，则 α 越大，战场信息的完整度与可信度越大，则 β 越大。简单线性加权法不仅考虑了主观因素，而且引入了客观因素，能够比较全面客观地反映各指标实际相对重要程度。

在简单线性加权法中，只要权重因子选择合适，就既可兼顾到决策者对指标的偏好，又能体现客观性，实现二者的互补性，使目标威胁评估的结果更加合理有效。

目前在兼顾主客观权重优点方法中普遍采用简单线性加权法，即选取一种主观赋权法与一种客观赋权法进行线性加权，它可以兼顾主客观权重。

3.4.2 最小偏差组合赋权模型

简单线性加权法，只能兼顾一种主观赋权法和一种客观赋权法的优点，且没有合理有效地确定组合影响因子（即组合权重）的原则。本小节在单一赋权法的基础上，论述基于最小偏差原理的组合赋权法。先建立组合权重求解模型，运用遗传算法的全局搜索能力，得到组合权重全局最优解，再将全局最优解进行归一化，得到满足条件的指标权重。

1. 方法原理

最小偏差方法，就是建立一个目标函数，该函数体现出待求组合权重与各典型主客观赋权法权重差值的绝对值的和（偏差量），目标函数达到最小值时，组合权重即可看作趋近于各赋权法的折中解。

下面以 2 种主观赋权法与 2 种客观赋权法的组合为例，说明最小偏差原理的目标函数的构建与求解。

令

$$d_{ki}^1 = \sum_{j=1}^{n} \left| w_j - w_{kj}^1 \right| a_{ij}, i \in m, k=1,2 \qquad (3-19)$$

式中，d_{ki}^1 为组合权重与第 k 种主观赋权结果的偏差；a_{ij} 为目标 A_i 在指标 I_j 下的度量值。

令

$$h_{ki}^2 = \sum_{j=1}^{n} \left| w_j - w_{kj}^2 \right| a_{ij}, i \in m, k=1,2 \qquad (3-20)$$

式中，h_{ki}^2 为组合权重与第 k 种客观赋权结果的偏差；a_{ij} 为目标 A_i 在指标 I_j 下的度量值。

最小偏差原理组合权重赋权法，就是使组合权重与各单赋权法求解的权重总的偏差和最小，为此构造下面的目标函数：

$$\begin{cases} \min\left\{\mu\left[\alpha_1\left(\sum_{i=1}^n d_{1i}^1\right)+\alpha_2\left(\sum_{i=1}^n d_{2i}^1\right)\right]+(1-\mu)\left[\alpha_3\left(\sum_{i=1}^n h_{1i}^2\right)+\alpha_4\left(\sum_{i=1}^n h_{2i}^2\right)\right]\right\} \\ \text{s.t.}\ \sum_{i=1}^n w_j=1, w_j\geqslant 0, j\in n \end{cases} \quad (3-21)$$

式中，μ 为主观权重影响因子，确定方法是根据专家经验丰富程度以及战场信息的完整性以及可靠性，专家经验越丰富，其值越大，战场信息越完整且越可靠，其值就越小；$\alpha_k(k=1,2,3,4)$ 为主客观单赋权法的权系数，满足 $\alpha_1+\alpha_2+\alpha_3+\alpha_4=1$，其确定的原理是：一种赋权法的结果与其他赋权法得到的结果偏差越小，则该赋权方法的权系数（相关度）就越大。第 k 种单一赋权法与其他单一赋权法得到结果的总偏差为

$$d_k=\sum_{l=1}^2\left(\sum_{i=1}^m\sum_{j=1}^n|w_{kj}-w_{lj}^1|+\sum_{i=1}^m\sum_{j=1}^n|w_{kj}-w_{lj}^2|\right)a_{ij} \quad (3-22)$$

则第 k 种赋权法的权系数为

$$\alpha_k=(1/d_k)/\left(\sum_{k=1}^4 1/d_k\right) \quad (3-23)$$

2. 基于遗传算法的模型求解

依据遗传算法（GA）的全局搜索能力以及并行处理能力，对目标函数进行求解。遗传算法求解过程分为五个主要步骤，即确定问题参数集、对参数编码形成染色体、构造适应度函数、对染色体进行遗传算子操作（选择、交叉和变异）、求得待定参数。

下面根据求解组合权重的实际需要，说明算法的具体步骤。

Step1 设定算法参数。

算法参数包括种群规模 q、最大进化代数 $\max \text{Gen}$、交叉概率 P_c、变异概率 P_m 等。例如，可取各参数为

$$q=40,\quad \max\text{Gen}=300,\quad p_c=0.6,\quad p_m=0.1$$

Step2 染色体编码。

算法采用十进制编码的方式，染色体的长度等于指标个数 n，每个基因对应于一个指标权重，且用随机函数产生 $[0,1]$ 区间的随机数，一个基因对应于一个随机数，染色体编码如图 3-1 所示。

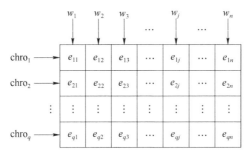

图 3-1 染色体编码

其中，$chro_i(i=1,2,\cdots,n)$ 表示染色体，e_{ij} 表示基因（权值）。

Step3 计算每个染色体适应值并对适应值排序。

取组合权重的目标函数为适应值函数，计算初始种群中每个个体（染色体）的适应度值 $fitness(chro_i)$。这时，适应值越小，该个体越优。

Step4 选择算子操作。

将每个染色体适应值的倒数转换为对应的选择概率，利用轮盘赌的模式，从初始种群中，选取等个数的染色体。

Step5 交叉算子操作。

依据交叉概率 P_c 先选择染色体，将染色体两两配对；后确定交叉位，将配对染色体交叉段上的基因进行交换，完成染色体对的交叉操作。

Step6 变异算子操作。

依据变异概率 P_m，选择变异染色体及其变异位，再用随机数产生新的基因替代变异位的基因，完成变异操作。

Step7 种群更新。

旧的种群经过选择算子、交叉算子以及变异算子操作以后，产生的新种群替代旧种群，如果没有达到最大进化代数 $\max Gen$，则算法返回 Step3。

Step8 产生最优解并归一化。

达到迭代精度或最大进化代数时，算法停止操作。

此时，适应值最小的染色体可以看作全局最优解。但是，此时的最优染色体并不是最终组合权重求解结果，需要将其进行单位化，如式（3-24）所示，得到待求组合权重：

$$w_j = \frac{bestchro_j}{\sum_{i=1}^{n} bestchro_i} \qquad (3-24)$$

式中，$bestchro_i(i=1,2,\cdots,n)$ 为最优染色体所对应的基因。

以上是运用遗传算法求解基于最小偏差原理组合权重目标函数的算法步骤,具体的算法流程如图 3-2 所示。

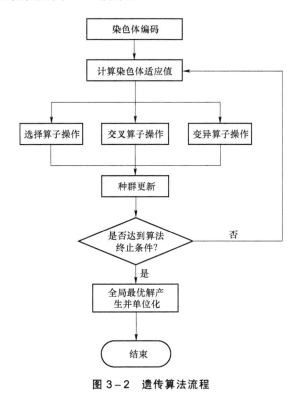

图 3-2 遗传算法流程

3.5 变权赋权法

前述赋权方法都是给指标赋予常数权值,即权重通过主观、客观方法或主客观组合方法确定之后就不再变化。然而,作战过程中战场态势是变化的,目标的威胁度与战场态势紧密相关。因此,由常权获得目标威胁度,有时并不能代表真实的目标威胁度,这就需要对指标权重做动态调整,即变化赋权方法。变权评估方法就是指标权重是变化的,当目标威胁与战场态势信息相关时,指标权重应该随着战场态势变化而变化。变权更能反映目标的实际威胁状况。

3.5.1 变权方法基本原理

20 世纪 80 年代，我国学者汪培庄教授在研究多目标决策时，提出了变权的概念。此后，李洪兴教授等一些学者对变权理论进行了系统研究，给出了惩罚型变权、激励型变权、混合型变权的公理化体系，以及基于状态向量变权、均衡函数等概念的目标决策方法。

变权的目的即根据目标状态向量的动态变化来相应地调整它在整体评估中的影响。李洪兴教授等人，针对变权给出了如下描述。

假设目标属性状态向量为 $X=(x_1,x_2,\cdots,x_n)$，常权向量为 $W=(w_1,w_2,\cdots,w_n)$，变权向量可看作目标状态向量和权系数向量的函数 $w_i(X)$，并满足以下条件。

（1）归一性，各个权重值 $w_i(X)$ 之和等于 1。
（2）连续性，$w_i(X)$ 关于每个状态变量连续。
（3）激励性，$w_i(X)$ 关于 x_i 单调递增。
（4）惩罚性，$w_i(X)$ 关于 x_i 单调递减。

其中，若满足（1）、（2）、（3）即为激励型状态变权；若满足（1）、（2）、（4）即为惩罚型状态变权。

在复杂多变的战场环境中，常权目标威胁评估既不能体现战场环境因素的影响，也难以符合变化的战场态势。基于变权方法的目标威胁评估方法正好弥补这两方面的不足。利用变权的思想进行分布式目标威胁评估，可有效利用战场综合信息对个体目标的威胁度进行评估。在运用过程中，至于是选择激励型状态变权，还是惩罚型状态变权，需根据决策者的意图并结合战场态势要求来确定。

通过对战场态势权重和属性指标权重的变权处理，能够对多目标及多属性指标的战场威胁度实现更加合理的评估。

1. 变权理论

通常的威胁评估，需要对各评估指标进行加权综合。设评估指标为 $f_1,f_2,\cdots,f_m$，常权向量 $W=(w_1,w_2,\cdots,w_m)$，评估指标的状态向量 $X=(x_1,x_2,\cdots,x_m)$，则对于 n 个目标 $X_j=(x_{j1},x_{j2},\cdots,x_{jm})$，$j=1,2,\cdots n$，威胁排序采用常权综合模型：

$$y_j = \sum_{i=1}^{m} w_i x_{ji} \qquad (3-25)$$

式中，w_i 表示第 i 个指标所占的重要程度，然而当指标的重要性实际发生变化时,若权重向量 W 保持不变,将会造成评估结果失真。为考虑标值信息变化与权重的关联性,我国学者李洪兴定义了状态变权向量,并给出了3种主要方式:惩罚型、激励型和混合型;提出了均衡函数的概念,即状态变权向量一般可通过均衡函数进行构造。

(1) 变权向量 $W = (w_1(x_{j1}, x_{j2}, \cdots, x_{jm}), w_2(x_{j1}, x_{j2}, \cdots, x_{jm}), \cdots, w_m(x_{j1}, x_{j2}, \cdots, x_{jm}))$,可表示为因素常权 W 和状态变权向量 $S(X)$ 的 Hadamard 乘积,然后进行归一化:

$$W(X) = \frac{W \cdot S}{\sum_{i=1}^{m}(w_i S_i)} = \frac{(w_1 \cdot S_1, w_2 \cdot S_2, \cdots, w_m \cdot S_m)}{\sum_{i=1}^{m}(w_i S_i)} \quad (3-26)$$

(2) 状态变权向量 $S(X)$ 用均衡函数 $B(x_1, x_2, \cdots, x_m)$ 的梯度向量来描述:

$$S(X) = \mathrm{grad} B(x_1, x_2, \cdots, x_m) = \left(\frac{\partial B}{\partial x_1}, \frac{\partial B}{\partial x_2}, \cdots, \frac{\partial B}{\partial x_n}\right) \quad (3-27)$$

该函数反映了各因素状态的一阶变化情况。

2. 变权向量构造方法

状态变权向量 $S(X)$ 为均衡函数 $B(x_1, x_2, \cdots, x_m)$ 的一阶导数。和状态变权向量相似,可将均衡函数分为两类:激励型和惩罚型,分别用来构造对应的激励型变权向量和惩罚型变权向量。由于威胁评估主要利用和型均衡函数进行变权综合,因此下面主要对和型均衡函数的构造方法进行简要介绍。

设 $g(x)$ 为定义在 $[0,1]$ 上的实值函数,$g'(x)$ 连续,把形如 $B_{\sum}(x) = \sum_{j=1}^{m} g(x_j)$ 的均衡函数称为和型均衡函数,则状态变权向量为 $S_j(X) = \frac{\partial B_{\sum}(x)}{\partial x_j} = g'(x_j)$,变权向量为 $w_j(X) = \frac{w_j g'(x_j)}{\sum_{k=1}^{m} w_k g'(x_k)}$,对其两边关于 x_j 求偏导:

$$\frac{\partial w_j(X)}{\partial x_j} = \frac{w_j g''(x_j) \cdot \sum_{k=0, k \neq j}^{m} w_k g'(x_k)}{\left[\sum_{k=1}^{m} w_k g'(x_k)\right]^2} \quad (3-28)$$

$B_{\sum}(x) = \sum_{j=1}^{m} g(x_j)$ 表示的和型均衡函数,成立的条件是 $g'(x) \geq 0$。

当 $g''(x) \leqslant 0$ 时，是惩罚型均衡函数；当 $g''(x) \geqslant 0$ 时，是激励型均衡函数。例如，$g(x) = x^a \geqslant 0$，和型均衡函数 $B_1(X) = \sum_{j=1}^{m} x_j^a$，$a \geqslant 0$。

当 $0 \leqslant a < 1$ 时，是惩罚型均衡函数；当 $a \geqslant 1$ 时，是激励型均衡函数。则构造的变权向量为：$W_j^1(X) = \dfrac{w_j x_j^{a-1}}{\sum\limits_{k=1}^{m} w_k x_k^{a-1}}$。

我国学者徐则中提出了一种简化的变权算法，只要调整变权因子就可以实现变权，对应因素 j 的变权权重值为

$$w_j(x_1, x_2, \cdots, x_m, W) = w_j + \alpha w_j (x' - x_j) \quad (3-29)$$

式中，$x' = \sum\limits_{j=1}^{m} (w_j x_j)$，$\alpha$ 是在常权基础上，基于对综合决策的不同偏好进行权值系数的调整，称作变权因子。变权因子 α 的值范围为 $[-0.5, 0.5]$。当 $0 < \alpha \leqslant 0.5$ 时，为惩罚型变权；$-0.5 \leqslant \alpha < 0$ 为激励型变权；$\alpha = 0$ 为常权综合。

3.5.2 双层融合变权方法

在目标威胁评估过程中，战场的态势信息发挥着极为重要的作用，传统的评估指标赋权方法不能对其进行合理、有效的利用。本小节提出的方法是基于战场态势信息和多武器属性指标的综合型变权，能够将更多的战场信息汇集到目标威胁评估中。基于双层的融合变权评估的主要内容如下。

1. 威胁属性变权

在陆战分队的威胁评估中，使用常权向量进行威胁评估能够考虑到战场态势，但是对于各威胁目标的实时威胁度，难以进行有效的表示，因此需要变权来进行相应的调整。

通常一组威胁评估指标的属性值只是对应着一种武器平台，难以适用于其他的武器目标。通过构造变权向量，使其适用于更多的武器平台，即利用不同的权重属性值来表示相应的武器平台或属性指标。根据不同威胁目标以及不同的属性指标，进行变权的调整，以匹配各属性指标值之间的相对重要程度。

构造陆战场的威胁目标属性状态向量 $X = (x_1, x_2, \cdots, x_n)$，并定义映射 $g:[0,1] \to [0,1]$，则有

$$g(X) = (g_1(X), \cdots, g_n(X)) \quad (3-30)$$

定义状态变权向量 $g_i(X)$ 为

$$g_i(X) = e^{\sigma(x_i - \bar{x})} \qquad (3-31)$$

式中，$\bar{x} = 1/m \sum_{i=1}^{m} x_i$，$\sigma$ 为变权因子，是基于目标作战特点和战场环境的调节系数，其取值范围为 [-0.5, 0.5]。当 $0 < \sigma < 0.5$ 时，为均衡型变权；当 $\sigma = 0$ 时，不进行变权，为常权综合；当 $-0.5 < \sigma < 0$ 时，为激励型变权。由于这里是对于作战环境威胁的实时评估，因此采用均衡型变权，在 $0 < \sigma < 0.5$ 中取值 0.2。根据几种威胁目标的属性及其威胁度的评估，构建威胁度属性的状态变权向量：

$$w_i = \frac{w_i(X) \cdot g_i(X)}{\sum_{k=1}^{n}(w_k(X) \cdot g_k(X))} \qquad (3-32)$$

式中，$w_i(X)$ 为初始常权向量；w_i 为变权后目标 X 的第 i 项属性指标的权重。通过整合所有战场目标的指标权重信息，得到整体变权向量：

$$W'_j = (w_{1j}, w_{2j}, \cdots, w_{nj}) \qquad (3-33)$$

$$w_{ij} = \frac{w_i(X) \cdot g_i(X) \varepsilon_i}{\sum_{i=1}^{n}(w_k(X) \cdot g_k(X) \varepsilon_i)} \qquad (3-34)$$

式中，w_{ij} 为第 i 个目标的第 j 个指标的变权值；ε_i 为第 i（$i = 1, 2, \cdots, n$）个目标的权重，其取值和威胁目标所处实际作战环境有关。这里，引入系数 ε_i，是因为状态变权向量存在较大的主观随意性，会影响到其评估的客观性，需加入系数 ε_i 的调整。

2. 双层融合变权

通过两次的权系数调整来体现其重要程度，即

$$\hat{w}_{ij} = (\alpha_i w_i + \beta_{ij} w_{ij}) \frac{w_{ij}}{\sum w_{ij}} \qquad (3-35)$$

实现多目标的统一威胁评估。进而得到

$$W''_j = (\hat{w}_{1j}, \hat{w}_{2j}, \cdots, \hat{w}_{nj}) \qquad (3-36)$$

式中，W''_j 为综合变权评估结果；w_i 为式（3-32）所求结果；α_i 为单目标变权向量的调整系数；β_{ij} 为多目标变权向量的调整系数。

为体现常权评估仍具有的合理性，而又不失变权的可靠性，使得常权的结果以一定的比例成为威胁度评估的组成部分，则有

$$\begin{cases} \sum_{i=1}^{n} \alpha_i = 1 \\ \sum_{i=1}^{n} \sum_{j=1}^{m} \beta_{ij} = 1 \end{cases}, \alpha_i, \beta_{ij} \in [0,1] \qquad (3-37)$$

由于变权中存在一定的随机性,多目标多属性指标变权的归一化值 $w_{ij}/\sum w_{ij}$ 作为系数加入变权评估的过程中,增加了变权的稳定性。

第 4 章

基于加权综合的目标威胁评估方法

目标威胁评估的对象往往具有多个威胁属性（评估指标），每个威胁属性的重要度（权重）不同，综合考虑评估目标的多个评估指标以及指标相应权重，进而计算得到目标威胁度的一类评估方法称之为加权综合方法。加权综合方法是评估和多属性决策领域最常用的一类方法，具有良好的适应性和广泛的应用基础。本章我们将重点介绍几个适合于陆战目标威胁评估的改进加权综合方法。

4.1 基于 Vague 值记分函数评估法

目前，威胁评估算法多是基于被评估值是精确数或者模糊数的，对基于 Vague 集的评估算法的研究较少。基于 Vague 集的评估算法有两种途径：一种是基于记分函数的评估算法，另一种是基于 Vague 集距离的多属性决策评估算法。但是，无论是记分函数还是 Vague 集距离，目前都还没有统一的度量方式。本节将详细讨论 Vague 集记分函数，并将其应用于评估算法，分析研究改进评估算法以克服传统算法的不足。而在 4.2 节，将讨论 Vague 集距离度量公式及其在目标威胁度中的应用。

记分函数 S 的本质是衡量每个目标对于每个指标要求的满足程度，是威胁评估的核心。不同风险偏好的记分函数，其构造的差异性主要体现在如何处理 Vague 值形式的指标值所包含的不确定信息上。本节首先提出 Vague 值的均衡点概念，然后提出了基于决策者风险偏好记分函数的概念，最后给出 3 种风险偏好类型的记分函数。

4.1.1 Vague 值均衡点

论域 $X=(x_1,x_2,\cdots,x_n)$，对于 Vague 集 A 中的 Vague 值 $x_i=[t_A(x_i),1-f_A(x_i)]$，由于存在未知度 $\pi_A(x_i)$，在没有更多客观信息可以借鉴的情况下，一般决策者

会认为在未知度 $\pi_A(x_i)$ 中倾向于支持证据与反对证据的可能性一样，即都为 $\pi_A(x_i)/2$。

为书写简便，后文将 $t_A(x_i)$、$f_A(x_i)$ 和 $\pi_A(x_i)$ 分别简记为 t、f 和 π。

定义 4-1 对于 Vague 集 A 中任何一个 Vague 值 $x_i = [t_A(x_i), 1-f_A(x_i)]$，称 Vague 值 $[t+\pi/2, 1-f-\pi/2]$ 为 x 的均衡点，记为 $Ex = [t_E, 1-f_E]$，即可得

$$Ex = [t_E, 1-f_E] = [(t+1-f)/2, (t+1-f)/2]$$

均衡点反映了在保持支持证据不变的情况下，Vague 值 $x_i = [t_A(x_i), 1-f_A(x_i)]$ 所包含的所有可能 Vague 值的对称中心。

与 Vague 值 $x_i = [t_A(x_i), 1-f_A(x_i)]$ 相比，均衡点 $Ex = [(t+1-f)/2, (t+1-f)/2]$ 保持了支持证据，但未知度为零。许多证据表明：决策者在威胁评估过程中会受到自身心理的影响，且影响比较大。因此，研究体现决策者风险偏好的 Vague 集记分函数有着较大的现实意义。决策者风险偏好记分函数就是与均衡点记分函数值比较，得到不同的记分函数，风险偏好记分函数定义如下。

定义 4-2 对于任意 Vague 值 $x = [t, 1-f]$，若记分函数 S 满足 $S(x) < S(Ex)$，则称 S 是风险厌恶型（risk aversion）记分函数，并记为 $S_{RA}(x)$。

定义 4-3 对于任意 Vague 值 $x = [t, 1-f]$，若记分函数 S 满足 $S(x) > S(Ex)$，则称 S 是风险追求型（risk proneness）记分函数，并记为 $S_{RP}(x)$。

定义 4-4 对于任意 Vague 值 $x = [t, 1-f]$，若记分函数 S 满足 $S(x) = S(Ex)$，则称 S 是风险中立型（risk neutralness）记分函数，并记为 $S_{RN}(x)$。

4.1.2 风险厌恶型记分函数 $S_{RA}(x)$

依据目标威胁评估指标取值的特点以及定义 4-2，构造风险厌恶型记分函数如下：

$$S_{RA}(x) = \begin{cases} \dfrac{1+t+(1-\pi)(t-f)}{3}, & t > f \\ \dfrac{1+t}{3}, & t = f \\ \dfrac{1+t+(1+\pi)(t-f)}{3}, & t < f \end{cases} \quad (4-1)$$

式中，x 是 Vague 值 $[t, 1-f]$。

证明：对于 Vague 值 $x = [t, 1-f]$，记

$$Ex = [(t+1-f)/2, (t+1-f)/2] = [t_E, 1-f_E]$$

为 Vague 值 $x = [t, 1-f]$ 的均衡点，且有 $t_E - f_E = t - f$，$\pi_{Ex} = 0$，所以

$$S_{RA}(Ex) = \begin{cases} \dfrac{t+1-f}{2}, & t_E > f_E \\ \dfrac{t+3-f}{6}, & t_E = f_E \\ \dfrac{t+1-f}{2}, & t_E < f_E \end{cases}$$

即可得

$$S_{RA}(Ex) - S_{RA}(x) = \begin{cases} \dfrac{-2t^2+t+2f^2-3f+1}{6}, & t > f \\ \dfrac{1-t-f}{6}, & t = f \\ \dfrac{2t^2-t-2f^2+f+1}{6}, & t < f \end{cases} \quad (4-2)$$

对于式（4-2）的第一个式子：

$$\begin{aligned} S_{RA}(Ex) - S_{RA}(x) &= \frac{-2t^2+t+2f^2-3f+1}{6} \\ &= \frac{-2\left(t-\dfrac{1}{4}\right)^2 + 2\left(f-\dfrac{3}{4}\right)^2}{6} \\ &= \frac{-2(t+f-1)\left(t-f+\dfrac{1}{2}\right)}{6} \end{aligned}$$

又因为 $t > f$ 且 $t+f < 1$，所以可以得到 $S_{RA}(Ex) - S_{RA}(x) > 0$。式（4-2）中，其他两式同理可证。因此，构造的记分函数满足风险厌恶要求。

定理 4-1 对于任意 Vague 值 $x = [t, 1-f]$，$S_{RA}(x)$ 满足以下条件。

（1）$0 \leqslant S_{RA}(x) \leqslant 1$。

（2）$S_{RA}(x) = 0 \Leftrightarrow x = [0, 0]$，$S_{RA}(x) = 1 \Leftrightarrow x = [1, 1]$。

（3）$S_{RA}([0.5, 0.5]) = 0.5$。

证明：（1）由风险厌恶型记分函数定义式，首先可知：

当 $t > f$ 时，$S_{RA} = \dfrac{1+t+(1-\pi)(t-f)}{3} > \dfrac{1}{3}$；

当 $t = f$ 时，$\dfrac{1}{3} \leqslant S_{RA} \leqslant \dfrac{1}{2}$；

当 $t < f$ 时，$S_{RA} = \dfrac{1+t+(1+\pi)(t-f)}{3} \leqslant \dfrac{1+t}{3} < \dfrac{1}{2}$。

可见，当 $t>f$ 时，S_{RA} 取得最大值；当 $t<f$ 时，S_{RA} 取得最小值。

其次，

① 当 $t>f$ 时，且 $t-f=1$，$\pi=0$ 时：

t，$1-\pi$ 及 $t-f$ 都取得最大值 1，从而 $S_{RA}(x)_{max}=\dfrac{1+1+(1-0)\times 1}{3}=1$，即 $x=[1,1]$ 时，S_{RA} 取得最大值 1。

② 当 $t<f$ 时：

由 $1+\pi=2+t-f-2t$，得到：$(1+\pi)(t-f)=(2+t-f)(t-f)-2t(t-f)$。又因为 $-2t(t-f)\geqslant 0$，所以，当 $t=0$，$t-f=-1$ 时，即 $x=[0,0]$ 时，t 与 $(1+\pi)(t-f)$ 都取得最小值，S_{RA} 也取得最小值：$S_{RA}(x)_{min}=\dfrac{1+0+(1-0)\times(-1)}{3}=0$。

因此，$0\leqslant S_{RA}(x)\leqslant 1$，（1）式成立。

（2）由（1）证明过程可以得到。

（3）由结论（2），$\dfrac{S_{RA}([0,0])+S_{RA}([1,1])}{2}=\dfrac{0+1}{2}=0.5$。

定理 4-1 说明，从记分函数角度看，Vague 值 [1,1] 和 [0,0] 分别表示支持证据完全符合和完全不符合决策要求，是两个极端。结论（1）说明在风险厌恶型记分函数下，它们各自的记分值分别对应着最大记分值和最小记分值。Vague 值 [0.5,0.5] 则表明支持证据与反对证据对该目标的作用一致，其对应的是支持证据与反对证据的均衡点，是所有记分函数取值的对称中点。

4.1.3　风险追求型记分函数 $S_{RP}(x)$

依据目标威胁评估指标取值的特点以及定义 4-3，构造风险追求型记分函数如下：

$$S_{RP}(x)=\begin{cases}\dfrac{2-f+(1+\pi)(t-f)}{3}, & t>f \\ \dfrac{2-f}{3}, & t=f \\ \dfrac{2-f+(1-\pi)(t-f)}{3}, & t<f\end{cases} \quad (4-3)$$

式中，x 是 Vague 值 $[t,1-f]$。

式（4-3）的合理性证明过程同风险厌恶型记分函数，不再赘述。

定理 4-2　对于任意 Vague 值 $x=[t,1-f]$，$S_{RP}(x)$ 满足以下条件。

（1）$0\leqslant S_{RP}(x)\leqslant 1$。

（2）$S_{RP}(x)=0 \Leftrightarrow x=[0,0]$，$S_{RP}(x)=1 \Leftrightarrow x=[1,1]$。

（3） $S_{RP}([0.5, 0.5]) = 0.5$。

证明过程略。

4.1.4 风险中立型记分函数 $S_{RN}(x)$

依据目标威胁评估指标取值的特点以及定义 4-4，构造风险中立型记分函数如下：

$$S_{RN}(x) = \frac{t + 1 - f}{2} \quad (4-4)$$

式中，x 是 Vague 值 $x = [t, 1-f]$。

证明：对于 Vague 值 $x = [t, 1-f]$，则有

$$S_{RN}(Ex) - S_{RN}(x) = \frac{t_E + 1 - f_E}{2} - \frac{t + 1 - f}{2}$$

$$= \frac{\frac{t+1-f}{2} + 1 - \left(1 - \frac{t+1-f}{2}\right)}{2} - \frac{t+1-f}{2}$$

$$= 0$$

于是得到 $S_{RN}(Ex) = S_{RN}(x)$，构造的记分函数满足风险中立的要求，证毕。

4.1.5 记分函数评估法

在评估过程中，依据最小偏差理论获取指标组合权重 $w = [w_1, w_2, \cdots, w_n]$，针对决策者的风险偏好选取记分函数计算记分值。为此，对于陆战分队目标威胁评估问题，我们提出加权记分函数法。

（1）依据战场态势给出目标 $A_i \in A$，各指标 $u_i \in U$ 的定性语言评价值，以及定量评价值 $\tilde{a}_{ij}, i = 1, 2, \cdots, m; j = 1, 2, \cdots, n$，并将其转化为 Vague 值 a_{ij}。

（2）运用基于最小偏差原理的组合赋权法，确定指标权重向量 $w = [w_1, w_2, \cdots w_n]$。

（3）依据决策者的风险偏好，选择 Vague 集记分函数 S，计算目标 A_i 关于各指标 I_j 的记分值 $s_{ij} = S_j(a_{ij})$。

（4）计算各目标的加权记分值：

$$S(A_i) = \sum_{j=1}^{n} w_j s_{ij}, i = 1, 2, \cdots, m \quad (4-5)$$

按照记分值 $S(A_i)$ 对各目标进行威胁评估与排序。

基于传统加权记分函数的评估方法是对所有指标的记分值加权平均，每个记分值都直接影响到目标的最终记分值。一方面，决策者不愿或很难对目标中

的指标意义——甄别清楚，若某一指标的风险记分函数选择不当，将对方案的记分值有较大影响；另一方面，以记分值代替整个 Vague 值是一种近似，为了方便记分值的最终确定，即使选择的风险记分函数是恰当精确的，也会产生微小误差，且在指标值的集结过程中，所有指标记分值的微小误差累计也易造成较大的误差。

为了尽可能使计算方案的记分值消除主观的影响，最好在指标记分值评估过程中不带风险偏好，只在最终确定方案记分值时使用记分函数。为此，我们提出极值记分函数法，其一般步骤如下。

（1）将指标值转化为 Vague 值 a_{ij}，对于每个目标 A_i，可知每个指标值 $a_{ij}=[t_{ij},1-f_{ij}]$ 的最大记分值为 $S_{ij}^{\max}=1-f$，最小记分值为 $S_{ij}^{\min}=t$。

（2）对于每个目标 A_i，根据其指标记分极值以及指标权重 $w=[w_1,w_2,\cdots,w_n]$，得到目标 A_i 的极大记分值 $S_{\max}(A_i)$ 和极小记分值 $S_{\min}(A_i)$：

$$\begin{cases} S_{\max}(A_i)=\sum_{j=1}^{n}w_j S_{ij}^{\max} \\ S_{\min}(A_i)=\sum_{j=1}^{n}w_j S_{ij}^{\min} \end{cases} \quad (4-6)$$

这样，目标 A_i 的记分值可视为 Vague 值 $V(A_i)=[S_{\min}(A_i),S_{\max}(A_i)], i=1,2,\cdots,m$。

（3）根据决策者的风险偏好，选择风险记分函数 S，计算并比较 $S(V(A_i))$ 的大小，对目标进行评估排序。$S(V(A_i))$ 越大，目标的威胁度越大。

极值记分函数法简单、直观、明了，并可以克服传统线性加权法误差累计的不足。

4.2 基于 Vague 集距离度量的多属性决策 TOPSIS 评估法

基于 Vague 集多属性决策理论的 Vague 集距离度量，其计算结果的优劣直接影响实际的评估效果。本节将提出新的 Vague 集（值）之间距离公式，用于目标威胁评估算法。

4.2.1 Vague 集距离度量一般方法及其准则

起初，Atanassov 将模糊数学理论中的模糊集距离加以改进，利用真假隶属度函数值给出了标准化的海明（Hamming）距离 l_1，如下：

$$l_1(A,B) = \frac{1}{2n}\sum_{i=1}^{n}(|t_A(x_i)-t_B(x_i)|+|f_A(x_i)-f_B(x_i)|) \quad (4-7)$$

此方法只考虑真假隶属度的绝对差距，没有考虑 Vague 集中的未知信息，导致丢失的指标信息较多。

2000 年，Szmidt 等考虑未知度的影响，给出标准化的海明距离 l_2：

$$l_2(A,B) = \frac{1}{2n}\sum_{i=1}^{n}(|t_A(x_i)-t_B(x_i)|+|f_A(x_i)-f_B(x_i)|+|\pi_A(x_i)-\pi_B(x_i)|) \quad (4-8)$$

其度量公式仍有不足之处。例如，假设 $A=\{[1,1]\}$，$B=\{[0,0]\}$，$C=\{[0,1]\}$，根据 l_2 方法得到 $l_2(A,B)=l_2(A,C)=l_2(B,C)$。根据投票模型：$A=\{[1,1]\}$ 表示所有人赞成，$B=\{[0,0]\}$ 表示所有人反对，$C=\{[0,1]\}$ 表示所有人弃权，显然，直觉上会认为完全赞成到完全反对的距离应大于完全弃权到完全赞成（完全反对）的距离，l_2 显然无效。

其后，我国学者也曾提出过新的距离度量法，但其仍然采用未知度做差相抵消的方法，没能避免存在违背直觉的不足。

通过对以上度量方法分析知：任何两个 Vague 值（集）距离是零的条件是：当且仅当它们支持和反对证据完全相等，且未知信息为零。据此，建立 Vague 集度量的一般准则。

（1）规范性：$0 \leq D(A,B) \leq 1$。

（2）对称性：$D(A,B)=D(B,A)$。

（3）三角不等性：$D(A,C) \leq D(A,B)+D(B,C)$。

（4）单调性：$D(A,C) \geq \min\{D(A,B),D(B,C)\}, A \subseteq B \subseteq C$。

4.2.2 改进的 Vague 集距离度量法

根据 4.2.1 小节的准则，对于任意两个 Vague 值 x 和 y，其距离度量应同时考虑支持证据、反对证据和未知度这三个参数，并且 Vague 值未知度的增加只会使距离增加，在度量时不应该抵消。基于以上分析，本小节提出新的距离度量公式。

设 A 是论域 U 中的 Vague 集，对于 A 中任意两个元素 $x=[t_x,1-f_x]$，$y=[t_y,1-f_y]$，令它们的距离形式如下：

$$D(x,y) = a|t_x-t_y|+b|f_x-f_y|+c|\pi_x+\pi_y|$$

运用待定系数法求解未知变量 a、b 和 c。

（1）由 $D([0,0],[0,1])=D([1,1],[0,1])$，可以得到 $a=b$。

（2）Vague 值 $[0,0]$ 与 $[1,1]$ 代表相反情况，则距离应该最大，所以由 $D([0,0],[1,1])=1$ 可以得到 $a+b=1$。结合上步结果，可以得到 $a=b=0.5$。

（3）对于距离 $D([0,1],[0,1])$ 可认为是两个任意 Vague 值的均值，在直角坐标系中正方形区域 $D_0=[0,1]\times[0,1]$ 任取一点 (t_x,t_y)，其 t_x，t_y 分别和 Vague 值 $x=[t_x,t_x]$，$y=[t_y,t_y]$ 对应（图 4-1），又因为横、纵坐标的差的绝对值为 x 和 y 的距离，即 $d(x,y)=|t_x-t_y|$。易知，$d(x,y)$ 的均值为

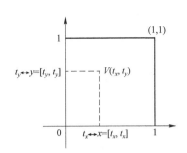

图 4-1 平面区域 D_0 上的点的坐标与 Vague 值一一对应关系

$$\iint_{D_0}|x-y|\mathrm{d}\sigma \Big/ \iint_{D_0}\mathrm{d}\sigma$$
$$=2\int_0^1\int_0^x(x-y)\mathrm{d}x\mathrm{d}y \Big/ \int_0^1\int_0^1\mathrm{d}x\mathrm{d}y$$
$$=2\int_0^1\frac{x^2}{2}\mathrm{d}x \Big/ 1$$
$$=\frac{1}{3}$$

于是得到 $D([0,1],[0,1])=2c=\frac{1}{3}\Rightarrow c=\frac{1}{6}$。

基于上述分析，即可得到 Vague 值之间新的距离公式：

$$D(x,y)=\frac{1}{2}|t_x-t_y|+\frac{1}{2}|f_x-f_y|+\frac{1}{6}|\pi_x+\pi_y| \qquad (4-9)$$

定义 4-5 对于两个 Vague 集 A 和 B，定义它们之间的距离为

$$D(A,B)=\frac{1}{n}\sum_{i=1}^n\left[\frac{1}{2}|t_A(x_i)-t_B(x_i)|+\frac{1}{2}|f_A(x_i)-f_B(x_i)|+\frac{1}{6}(\pi_A(x_i)+\pi_B(x_i))\right]$$
$$(4-10)$$

新的距离度量公式 $D(A,B)$，满足一般准则，不仅具有区分能力，所得的结果也与决策者直觉相一致。

4.2.3 多属性决策 TOPSIS 评估法

借助一般评估问题中理想目标和负理想目标的思想，对于目标威胁评估，理想目标就是设想的威胁度最大目标，它的特点是其各个指标值在所有被评估目标的指标中都达到最大值，负理想目标就是设想下的威胁度最小的目标，它的各个指标值在所有被评估目标的指标中都达到最小值。通过比较目标到理想

目标和负理想目标距离的贴近度对目标威胁进行评估排序，威胁度最大的目标满足离理想目标近，离负理想目标远。TOPSIS评估算法核心思想是求解评估目标与正负理想目标距离的贴近度，依据贴近度完成目标群评估。

设作战区域中有m个敌目标，每个目标有n个特征指标，等同于n维空间有m个点。基于新的Vague值距离的TOPSIS目标威胁评估算法步骤如下。

（1）构造正负理想目标，对于一个评估问题，假设任一个目标A_i在指标集I下的Vague集表示为

$$A_i = \{(I_1,[t_{i1},1-f_{i1}]),(I_2,[t_{i2},1-f_{i2}]),\cdots,(I_n,[t_{in},1-f_{in}])\}$$

根据目标集$A=\{A_1,A_2,\cdots,A_m\}$，构造指标集约束下的正负理想目标：

$$A^+ = \{(I_1,[1,1]),(I_2,[1,1]),\cdots,(I_n,[1,1])\}$$
$$A^- = \{(I_1,[0,0]),(I_2,[0,0]),\cdots,(I_n,[0,0])\}$$

（2）假设评估指标权重$w=[w_1,w_2,\cdots,w_n]$为已知，计算各目标到正负理想目标的加权距离：

$$D_i^+ = D(A_i,A^+) = \sum_{j=1}^n w_j D([t_{ij},1-f_{ij}],[1,1]) \quad (4-11)$$

$$D_i^- = D(A_i,A^-) = \sum_{j=1}^n w_j D([t_{ij},1-f_{ij}],[0,0]) \quad (4-12)$$

（3）依据式（4-13）计算贴近度R_i，R_i值越大，目标的威胁度越大：

$$R_i = \frac{D_i^-}{D_i^- + D_i^+} \quad (4-13)$$

与记分函数法一样，TOPSIS评估法几何意义明确，简单且容易理解，但不足之处是不同的距离测度会得到不同排序结果。

4.2.4 多属性决策PA

多属性决策PA，即投影算法，是从向量投影值角度出发，将每个目标看成一个多维向量，则每个目标$A_i(i=1,2,\cdots,m)$与理想目标A^*之间均有一个夹角，研究目标在理想目标上的投影值来进行目标评估排序。本小节提出了基于Vague值决策矩阵的投影评估方法，拓展了投影算法的应用，为威胁评估提出一个新的方法。

（1）确定加权规范矩阵$Y=(y_{ij})_{mn}$。决策矩阵$\tilde{A}=(\tilde{a}_{ij})_{mn}$经过预处理得到矩阵$A=(a_{ij})_{mn}$，依据确定的指标权重，对矩阵$A=(a_{ij})_{mn}$进行加权处理得到加权规范矩阵，如下：

$$Y = (y_{ij})_{mn} = (\omega_j a_{ij})_{mn} \quad (4-14)$$

（2）确定理想目标 y^*：

$$y^* = \{y_1^*, y_2^*, \cdots, y_n^*\} = \left([\max_i t_{ij}, 1 - \min_i f_{ij}^*], j \in I\right) 或 \left([\min_i t_{ij}, 1 - \max_i f_{ij}], j \in J\right) \quad (4-15)$$

式中，$j = 1, 2, \cdots, n$；I 为效益型指标集合；J 为成本型指标集合。

（3）计算投影值 $p_i (i = 1, 2, \cdots, m)$：

$$p_i = \frac{\sum_{j=1}^{n} \left[t_j^* t_{ij} + (1 - f_j^*)(1 - f_{ij})\right]}{\sqrt{\sum_{j=1}^{n} \left[(t_j^*)^2 + (1 - f_j^*)^2\right]}} \quad (4-16)$$

利用式（4-16）求解目标 A_i 在理想目标上的投影，按照 p_i 大小对目标进行排序，p_i 值越大，目标威胁度越大。

4.3 Vague 集关系模型威胁评估法

4.2 节将 Vague 集应用于 3 种典型的评估算法中，为目标威胁评估提供了新的途径和方法。但是，上述评估算法尚存在以下不足之处。

（1）3 种评估算法均只能处理单一数据类型（Vague 值型），而实际指标多属于混合型（Vague 值与精确数），这样就会导致威胁评估的结果精度不高。

（2）极值记分函数法存在优劣指标互补的问题，即指标间差异可完全补偿。例如，一个目标 A_i 在某个指标上比另一个 A_j 目标差，而且无论差多少，都可以通过 A_i 的其他指标比 A_j 好进行补偿，使得最终的威胁度 $A_i > A_j$，这样的威胁评估结果，在某些情况下会有失公正性。

（3）TOPSIS 法最大的不足在于计算得到的每个目标与正负理想目标的贴近度，不能反映目标实际威胁度。举个简单的例子，如图 4-2 所示，在二维空间中（为方便讨论，只选取两个指标），在理想目标点和负理想目标点连线的垂直平分线上，如果存在两个或两个以上目标，它们的评估值都为 0.5，也就是说 TOPSIS 法不能反映目标与理想目标的绝对距离，也就无法进行绝对的评估排序。

（4）PA 几何意义明确，但其也有不足之处。假设指标向量是二维的（多维的以此类推），如图 4-3 所示。

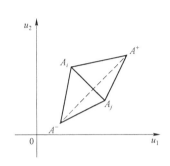
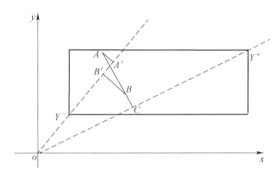

图4-2 TOPSIS法不足之处图解　　图4-3 投影算法不足之处图解

Y^+ 与 Y^- 分别为理想方案和负理想方案，则二维坐标系中的矩形即为方案集。图4-3中 A 与 B 为待评估的两个方案，且 AB 垂直 OY^+ 于 C，由 A、B 分别作 OY^- 垂线，交 OY^- 于 A' 和 B'。依据传统投影算法的理论方法，方案 A 和 B 在理想方案 Y^+ 上的投影都为 OC，即评估结果是一样的，它们两者之间无法排序。实际上，A 和 B 与理想方案的夹角分别为 α 和 β，并且有 $\alpha = \arctan(AC/OC)$ 和 $\beta = \arctan(BC/OC)$，由于 $AC > BC$，则可以得到 $\alpha > \beta$，即可说明目标 B 比目标 A 更接近于理想目标，则 B 的威胁度更大。

基于以上分析，将提出基于 Vague 集关系模型的评估算法。该方法改变了传统评估算法的思路，首先在目标集中任意挑出两个目标 A_i 和 A_j 构成目标对，假定它们之间存在偏序关系 (A_i, A_j)，即表示目标 A_i 的威胁度大于 A_j 的威胁度，将这些偏序关系看成对象，而各个指标根据其值的比较结果不同，表示对偏序关系的支持、反对或者中立，这就可以得到一些基于偏序关系的 Vague 值，再经过 Vague 值的运算，最后运用记分函数得出目标的最终排序。

4.3.1 基于风险偏好的 Vague 值运算法则

根据决策者风险偏好的决策态度，定义 Vague 值的运算法则。

定义4-6 设任意两个 Vague 值为 $A = [t_a, 1-f_a]$ 和 $B = [t_b, 1-f_b]$，则称 Vague 值 $C = A \wedge B$ 为 A 和 B 的风险厌恶型决策 Vague 值，其支持证据为 $t_c = \min\{t_a, t_b\}$，反对证据为 $f_c = \max\{f_a, f_b\}$，当有两个以上 Vague 值时，以此类推。

定义4-7 设任意两个 Vague 值为 $A = [t_a, 1-f_a]$ 和 $B = [t_b, 1-f_b]$，则称 Vague 值 $C = A \neg B$ 为 A 和 B 的风险中立型决策 Vague 值，其支持证据为 $t_c = \dfrac{t_a + t_b}{2}$，反对证据为 $f_c = \dfrac{f_a + f_b}{2}$，当有两个以上 Vague 值时，以此类推。

定义4-8 设任意两个 Vague 值为 $A = [t_a, 1-f_a]$ 和 $B = [t_b, 1-f_b]$，则称 Vague 值 $C = A \vee B$ 为 A 和 B 的风险追求型决策 Vague 值，其支持证据为

$t_c = \max\{t_a, t_b\}$,反对证据为 $f_c = \min\{f_a, f_b\}$,当有两个以上 Vague 值时,以此类推。

4.3.2 基于 Vague 集关系的目标评估与排序

在实际目标威胁评估中,指标值间微小的差异不能对目标的最终排序结果起决定性作用。一个目标在某个指标下偏好于另一个目标,应该是指该指标值相差比较大。所以,对于每一个指标,根据实际情况首先设定一个阈值,如果两个目标的指标值的差值不超过这个阈值,则认为两个目标相同;否则,就在该指标下可以进行排序。并且,如果威胁排序的结果与目标对的偏序关系相同,则可认为该指标对目标对排序支持;如果威胁排序结果与目标对的偏序关系相反,则可认为该指标对目标对排序反对;如果指标值相同,则可认为该指标对目标对排序中立。下面根据指标对目标对的支持情况定义支持指标集、反对指标集以及中立指标集。

定义 4-9 对目标集中任意一个目标对 (A_i, A_k),假设属性 u_j 的阈值为 $\delta_j (j=1,2,\cdots,n)$,则满足以下条件。

(1) $\{u_j | a_{ij} - a_{kj} > \delta_j\}$ 称为 (A_i, A_k) 的支持指标集。

(2) $\{u_j | a_{kj} - a_{ij} > \delta_j\}$ 称为 (A_i, A_k) 的反对指标集。

(3) $\{u_j | |a_{ij} - a_{kj}| \leqslant \delta_j\}$ 称为 (A_i, A_k) 的中立指标集。

式中,a_{ij} 为定性指标 Vague 值的记分函数值或定量指标的精确数。

对于每个目标,通过 Vague 值决策态度运算,每个目标得到一个 Vague 值,然后再选用 4.1 节中基于风险偏好的记分函数来说明评估目标对决策者要求的满意程度,完成评估与排序。

综上所述,可以得到基于 Vague 集关系模型评估法的一般步骤。

Step1 设定每个指标的阈值,对目标集中的任意一对目标,通过比较它们的指标,找出它们的支持指标集、反对指标集和中立指标集。

Step2 根据指标的权重,构造目标对的 Vague 值 $[t_{(A_i,A_k)}, 1-f_{(A_i,A_k)}]$,其中,$t_{(A_i,A_k)}$ 为支持指标集对应权重的和,$f_{(A_i,A_k)}$ 为反对指标集对应权重的和,$1-f_{(A_i,A_k)} - t_{(A_i,A_k)}$ 为中立指标集对应权重的和。

Step3 根据定义 4-6~定义 4-8,对任意目标 A_i,根据决策者的风险偏好选择 Vague 值的运算法则。

Step4 根据决策者的风险偏好,选择 Vague 值的记分函数,得到每个目标最终的记分值。

Step5 依据计算得到的各个目标的记分值,完成目标评估与排序。

针对混合型多属性决策的特点，以及传统评估算法的不足之处，本小节提出的基于Vague集关系模型的评估算法，处理步骤较为简单，容易理解，为目标威胁评估提供了新的方法和思路。

4.4 基于战场态势变权的威胁评估方法

目前，基于层次决策结构的评估方法大多是常权评估，即权重通过主观和客观方法确定之后就不再变化。然而，陆战分队作战过程中战场态势时刻变化，目标的威胁度与战场态势紧密相关，因此，评估指标的权重也应随态势变化而变化，以能真实反映战场态势信息对目标威胁程度的影响。

4.4.1 战场态势变权方法

在评估领域，首先提出变权思想的是我国的学者汪培庄，之后李洪兴提出了变权综合决策模型。自变权思想提出后，变权理论和方法不断完善，目前已经成功地运用到评估与决策中，取得了较为满意的结果，凸显了变权方法的优点。这里，我们将努力把作战环境、目标任务等战场态势信息融入目标威胁评估中，提出一类基于态势信息变权的威胁评估方法。

不同的战场态势下目标的作战意图、打击对象不同，对我方的威胁度也不同。基于战场态势的威胁评估指标变权，就是要体现战场态势信息对目标威胁度的影响。

1. 战场态势及态势描述

信息化条件下的作战过程，就是建立在战场态势信息之上的双方博弈过程。根据战场态势图可以推定作战模式，进而进行态势要素提取和态势推理，确定敌方作战企图，从而推断出战场目标的相关评估指标是激励型变权还是惩罚型变权。

定义 4–10 战场态势是指一次战役或战斗过程中，敌我双方在作战地域内投入的兵力、装备、部署情况，战场地形、气象等情况，以及影响作战的战场环境等各种因素的总称。

为了描述战场态势信息，我们采用直觉模糊集表示目标的某种意图或任务的可能性，态势信息可根据相应知识进行态势推理和态势估计获得，由于态势信息的信息量庞大且复杂，这里只考虑部分态势因素对威胁度的影响。

定义 4-11 直觉模糊集：设 X 是一个给定论域，则 X 上的一个直觉模糊集 A 为

$$A = \{\langle x, u_A(x), v_A(x)\rangle | x \in X\} \quad (4-17)$$

式中，$v_A(x)$：$X \to [0,1]$ 和 $v_A(x)$：$X \to [0,1]$ 分别代表 A 的隶属函数 $v_A(x)$ 和非隶属函数 $v_A(x)$，且对于 A 上的所有 $x \in X$，都有 $0 \leq v_A(x) + v_A(x) \leq 1$ 成立。

为了分析方便，将态势 ψ 分为子态势 $\psi_1, \psi_2, \cdots, \psi_m$ 的一个完备分组或者不完备分组，每种子态势下只需要考虑目标的一种意图 $T_1, T_2, \cdots, T_m$，如火力攻击、侦察干扰、兵力转移等。根据态势的复杂程度可以对子态势再次分组 $\psi_{j1}, \psi_{j2}, \cdots, \psi_{jp_j}$，从而为分析战场态势提供方便。

定义 4-12 战场态势 ψ 可以根据目标任务、企图等分为一组子态势 $\psi_1, \psi_2, \cdots, \psi_m$，满足 $\psi = \psi_1 \cup \psi_2 \cup \cdots \cup \psi_m$，$i,j = 1,2,\cdots,m$，$i \neq j$，则称 $\psi_1, \psi_2, \cdots, \psi_m$ 为战场态势 ψ 的一个完备分组；有些情况下需要简化部分信息，$\{\psi_1 \cup \psi_2 \cup \cdots \cup \psi_m\} \subset \psi$，$\psi_i \cap \psi_j = \varnothing$，$i,j = 1,2,\cdots,m$，$i \neq j$，则称 $\psi_1, \psi_2, \cdots, \psi_m$ 为战场态势 ψ 的一个不完备分组。

定义 4-13 直觉模糊集 A_j 表示目标 j 的战场态势 ψ 估计信息，称 A_j 为目标 j 态势信息 IFS 描述：

$$A_j = \{\langle \psi_i, u_A(\psi_i), v_A(\psi_i)\rangle | \psi_i \in \psi\} = \sum_{i=1}^{m} \langle u_A(\psi_i), v_A(\psi_i)\rangle / \psi_i \quad (4-18)$$

式中，$\psi_i \cap \psi_j = \varnothing$，$\psi_i (i=1,2,\cdots,m)$ 表示子态势，这里代表该态势对应的作战意图。

2. 战场态势变权方法

根据子态势 $\psi_1, \psi_2, \cdots, \psi_m$ 可对指标进行分组 $F_1, F_2, \cdots, F_m$，每种子态势对应一个分组。如在子态势 ψ_1 下只考虑目标的火力打击能力，如果通过态势估计获得了目标完成火力打击的企图大小，就可以相应地改变相应于子态势 ψ_1 的指标组权重，而指标组内各指标的权值变化则根据指标性质及指标之间的关系进行变权。

以一次分组为例，设评估指标为 $f_1, f_2, \cdots, f_n$，且相互独立，状态向量 $X = (x_1, x_2, \cdots, x_n)$，子态势 ψ_i 对应着指标组 F_i $(i=1,2,\cdots,m)$，指标组初始常权 $W = (w_1, w_2, \cdots, w_m)$，设第 i 组含有 $f_{i1}, f_{i2}, \cdots, f_{iq_i}$ 个指标，指标状态向量 $X_i = (x_{i1}, x_{i2}, \cdots, x_{iq_i})$，指标权重 $w_i = (w_{i1}, w_{i2}, \cdots, w_{iq_i})$。设有 K 个待评估目标，下面对第 k 个目标进行态势变权方法说明。

Step1 利用战场态势信息对指标组进行变权。

根据每个目标的战场态势信息 A_k，计算直觉模糊集中每个元素的计分值。$A_k = \{\langle \psi_i, u_A(\psi_i), v_A(\psi_i)\rangle | \psi_i \in \psi\}$ 的计分函数为

$$L(E(A_k(i))) = u_A(\psi_i) + u_A(\psi_i)(1 - u_A(\psi_i) - v_A(\psi_i)) \quad (4-19)$$

由式（4-19）可计算得第 k 目标态势信息的记分值，设为 $L(E(A_k)) = (a_{k1}, a_{k2}, \cdots, a_{km})$，则对于目标 k 指标组变权

$$W'_{(k)} = \frac{L(E(A_k)) \cdot W}{\text{sum}(L(E(A_k)) \cdot W)} \quad (4-20)$$

式中，运算符 · 称为 Hadamard 乘积，即两个向量对应的元素相乘；sum() 为求和函数；W 为指标组初始常权。

Step2 利用指标值信息对组内指标进行变权。

学者管清波等人利用指标奇异值属性，提出一种惩罚型变权和激励型变权判定方法。战场目标威胁评估不仅需要考虑指标值信息，还需要考虑指标属性信息。对于组内指标，应当根据指标属性判定是惩罚型变权还是激励型变权。为此，给出如下判定准则。

准则 1 第 i 目标组 F_i ($i=1, 2, \cdots, m$) 中的指标值，如果具有互补能力，即指标组 F_i 效能可以表示为 $Q(F_i) = \sum_{j=1}^{q_j} f(x_{ij})$，则应当采用激励型变权；如果不具有互补能力，即指标组 F_i 效能可以表示为 $Q(F_i) = \sum_{j=1}^{q_j} f(x_{ij})$，则应当采用惩罚型变权。

根据指标间关系获得变权类型，然后进行变权权值求取。对于第 k 个目标第 j 组中第 i 个指标：

$$w'_{(k)ji}(x_{kj1}, x_{kj2}, \cdots, x_{kjq_j}, W_j) = w_{(k)ji} + \alpha_{kj} w_{(k)ji}(x'_{kj} - x_{kji}) \quad (4-21)$$

式中，$x'_j = \sum_{i=1}^{q_j}(w_{(k)ji} x_{kji})/W(j)$，$w_{(k)ji}$ 和 $w'_{(k)ji}$ 分别是第 k 个目标第 j 组中第 i 个指标的初始常权和变权，x_{kji} 是第 k 个目标第 j 组中第 i 个指标值，$W(j)$ 为第 j 分组的初始常权，α_{kj} 是第 k 个目标第 j 组中权值调整的系数，称作变权因子。变权因子 α 的值范围为 $[-0.5, 0.5]$，当 $0 < \alpha \leq 0.5$ 时，为惩罚型变权；$-0.5 \leq \alpha < 0$ 时为激励型变权；$\alpha = 0$ 时为常权综合。

我们对 α 的取值提出一种量化准则。

准则 2 如式（3-29）的变权算法，变权因子 α 的取值满足如下关系：

第 4 章　基于加权综合的目标威胁评估方法

惩罚型变权
$$\alpha = \begin{cases} 0.5, & \max x_i - \min x_i > 0.5 \\ \max x_i - \min x_i, & 其他 \end{cases} \quad (4-22)$$

激励型变权
$$\alpha = \begin{cases} -0.5, & \max x_i - \min x_i > 0.5 \\ -(\max x_i - \min x_i), & 其他 \end{cases} \quad (4-23)$$

Step3　将态势信息变权和指标值信息变权融合，获得最终变权权值。

第 k 个目标的各指标最终权值：

$$w''_{(k)ji} = w'_{(k)ji} \cdot \frac{W'_{(k)}(j)}{W(j)} \quad (4-24)$$

式中，$w''_{(k)ji}$ 为第 k 个目标第 j 分组中第 i 个指标的最终变权权值；$W'_{(k)}(j)$ 为第 k 个目标第 j 分组的变权权值；$w'_{(k)ji}$ 为组内指标的变权权值。

4.4.2　变权的 TOPSIS 威胁评估算法

1. 初始常权的确定方法

由上述分析可知，获得指标的初始常权是战场态势变权威胁评估的基础。陆战分队威胁评估目标的指标较复杂，为了兼顾主客观信息，提高指标初始权重的科学性，这里采用线性加权组合的方法进行赋权：

$$W_i = \lambda B_i + (1-\lambda) A_i \quad (4-25)$$

式中，λ 为主观偏好系数；B_i 为主观权重；A_i 为客观权重。

2. 变权的 TOPSIS 威胁评估算法

在获得最终变权之后，采用 TOPSIS 法对目标进行威胁评估，具体步骤如下。

（1）获取规范化决策矩阵。

设目标威胁量化指标矩阵 $Y = (y_{ij})_{m \times n}$，规范化决策矩阵 $Z = (z_{ij})_{m \times n}$，则

$$z_{ij} = \frac{y_{ji}}{\sqrt{\sum_{i=1}^{m} y_{ij}^2}}, \quad i=1,2,\cdots,m, \quad j=1,2,\cdots,n \quad (4-26)$$

（2）构成加权规范矩阵 $X = (x_{ij})_{m \times n}$。

设各项指标所占权重 $W = (w_1, w_2, \cdots, w_n)$，这里使用最终变权权值，则

$$x_{ij} = w_j \cdot z_{ij}, \quad i=1,2,\cdots,m, \quad j=1,2,\cdots,n \quad (4-27)$$

(3)确定理想解 x^+ 和负理想解 x^-。

设理想解 x^+ 的第 j 个属性值为 x_j^+,负理想解 x^- 的第 j 个属性值为 x_j^-,则

理想解
$$x_j^+ = \begin{cases} \max_i x_{ij}, & j\text{为效益型属性} \\ \min_i x_{ij}, & j\text{为成本型属性} \end{cases}$$

负理想解
$$x_j^- = \begin{cases} \max_i x_{ij}, & j\text{为成本型属性} \\ \min_i x_{ij}, & j\text{为效益型属性} \end{cases}$$

(4)计算各方案到理想解与负理想解的距离。

方案 x_i 到理想解和负理想解的距离为

$$d_i^+ = \sqrt{\sum_{j=1}^n (x_{ij} - x_j^+)^2}, \quad d_i^- = \sqrt{\sum_{j=1}^n (x_{ij} - x_j^-)^2}, \quad i = 1,2,\cdots,m \quad (4-28)$$

(5)计算各方案的综合评价指数:

$$P_i = \frac{d_i^-}{(d_i^- + d_i^+)}, \quad i = 1,2,\cdots,m \quad (4-29)$$

4.4.3 应用战场态势变权的目标威胁评估

以陆战分队作战为例,在获取战场态势信息后,依据陆战分队目标的特点及作战运用方式对变权指标进行分组,如表4-1所示。

表4-1 评估指标分组及初始常权

态势分组	作战意图	特点	分组初始权重	一级指标	指标初始权重
子态势1 (F_1)	火力突击	目标直接的火力打击是对我方的最大威胁	0.5	搜索目标能力 f_1	0.2
				跟踪目标能力 f_2	0.2
				火力打击能力 f_3	0.1
子态势2 (F_2)	侦察预警	目标的探测和获取能力是对我方的最大威胁	0.25	定位能力 f_4	0.07
				探测能力 f_5	0.1
				抗干扰能力 f_6	0.08
子态势3 (F_3)	占领有利地形	其威胁来自机动、伪装和防护	0.25	机动能力 f_7	0.07
				防护能力 f_8	0.05
				伪装能力 f_9	0.13

第4章 基于加权综合的目标威胁评估方法

有5个威胁评估目标,归一化评估指标值如表4-2所示。

表4-2 归一化评估指标值

指标	f_1	f_2	f_3	f_4	f_5	f_6	f_7	f_8	f_9
目标1	0.6	0.6	0.6	0.7	0.8	0.8	0.8	0.6	0.5
目标2	0.3	0.9	0.5	0.6	0.7	0.8	0.6	0.5	0.6
目标3	0.6	0.7	0.4	0.5	0.7	0.4	0.5	0.6	0.4
目标4	0.4	0.4	0.4	0.4	0.4	0.4	0.4	0.3	0.8
目标5	0.4	0.5	0.3	0.5	0.7	0.6	0.5	0.4	0.6

为了检验算法对态势信息的融合能力,这里考虑两种不同的战场态势信息:

$$A_1 = \begin{Bmatrix} \langle 0.8,0.1 \rangle & \langle 0.2,0.3 \rangle & \langle 0.4,0.1 \rangle \\ \langle 0.5,0.3 \rangle & \langle 0.6,0.3 \rangle & \langle 0.2,0.6 \rangle \\ \langle 0.1,0.8 \rangle & \langle 0.7,0.1 \rangle & \langle 0.5,0.3 \rangle \\ \langle 0.5,0.2 \rangle & \langle 0.1,0.8 \rangle & \langle 0.7,0.1 \rangle \\ \langle 0.2,0.7 \rangle & \langle 0.3,0.4 \rangle & \langle 0.8,0.1 \rangle \end{Bmatrix}, \quad A_2 = \begin{Bmatrix} \langle 0.2,0.7 \rangle & \langle 0.8,0.1 \rangle & \langle 0.1,0.8 \rangle \\ \langle 0.1,0.9 \rangle & \langle 0.9,0.1 \rangle & \langle 0.2,0.6 \rangle \\ \langle 0.2,0.6 \rangle & \langle 0.8,0.1 \rangle & \langle 0.3,0.3 \rangle \\ \langle 0.1,0.8 \rangle & \langle 0.7,0.2 \rangle & \langle 0.2,0.7 \rangle \\ \langle 0.3,0.6 \rangle & \langle 0.8,0.1 \rangle & \langle 0.1,0.7 \rangle \end{Bmatrix}$$

在子态势1和子态势2中,作战企图完成需要各指标协同作用,指标之间不能互补,因此这里选择惩罚型变权;子态势3中,指标在目标占领地域中可以互补,因此选择激励型变权。按照前面提出的算法分别对两种态势下的目标进行威胁评估,其评估结果如表4-3所示。

表4-3 采用变权综合和常权综合的目标威胁度

威胁目标	常权综合		普通变权综合		基于A_1变权综合		基于A_2变权综合	
	威胁度	威胁排序	威胁度	威胁排序	威胁度	威胁排序	威胁度	威胁排序
目标1	0.5870	2	0.6193	1	0.5385	1	0.6943	1
目标2	0.6277	1	0.5807	2	0.5198	2	0.6691	2
目标3	0.5345	3	0.5117	3	0.4290	5	0.3759	4
目标4	0.3087	5	0.3780	4	0.4521	3	0.3003	5
目标5	0.3369	4	0.3630	5	0.4398	4	0.4244	3

从表 4-3 中的结果可以看出，基于战场态势变权的威胁评估方法可融合战场的态势信息，自动调整目标的威胁度；普通变权综合的结果与常权综合不同，表明变权因子具有调节作用；与不考虑态势信息的评估结果相比较，基于态势信息 1 的评估结果有所变化，表明态势信息对目标威胁度有调整，不同的态势会有不同的威胁度。由子态势 2 的 IFS 信息描述可以看出：由于目标侦察预警意图较大，所以侦察预警指标组的指标值对威胁排序结果应当起决定性作用，而评估结果也正好反映了这一特点，表明所提出的算法是合理的。

4.5 基于双层融合变权目标威胁评估方法

在 3.5 节，我们详细介绍了双层融合变权方法，这里，将介绍基于双层融合变权的目标威胁评估方法的实施步骤及其实际应用。

4.5.1 双层融合变权目标威胁评估步骤

假设某战场环境中有 n 种目标会对我方构成威胁，每种目标对应 m 种威胁指标。双层融合变权评估流程如图 4-4 所示。

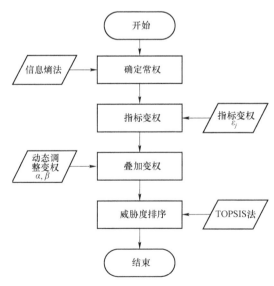

图 4-4 双层融合变权评估流程

其具体变权步骤如下。

Step1 通过收集战场信息，并结合战场态势与战场目标的属性指标数值，获取目标威胁评估指标 $X = (x_1, x_2, \cdots, x_n)$，并对指标值进行预处理。

Step2 利用信息熵法求得各个属性指标权重，并将其进行归一化处理，从而得到属性常权 $W = (w_1, w_2, \cdots, w_n)$。

Step3 进行指标变权得到状态变权向量 w_i，融合多个目标的多指标变权 w_{ij}，得到整体的变权向量 $W'_j = (w_{1j}, w_{2j}, \cdots, w_{nj})$，$j = 1, 2, \cdots, m$。

Step4 将两次的变权结果进行叠加，得到综合权向量 $W''_j = (\hat{w}_{1j}, \hat{w}_{2j}, \cdots, \hat{w}_{nj})$，并利用 TOPSIS 法进行威胁度排序。

4.5.2 双层变权目标威胁评估实例分析

以陆战场的分队作战为背景，对敌目标进行威胁度评估。其中，T_1 为武装直升机，T_2 为车载反坦克导弹，T_3 为步战车，T_4 为坦克，T_5 为单兵类轻武器。选取 5 种代表性指标：机动能力、毁伤能力、通信水平、距离因素、抗干扰能力。

（1）目标各威胁指标归一化值如表 4-4 所示。

表 4-4 目标各威胁指标归一化值

威胁目标	机动能力	毁伤能力	通信水平	距离因素	抗干扰能力
T_1	0.055 6	0.055 6	0.030 9	0.024 7	0.055 6
T_2	0.049 4	0.012 3	0.055 6	0.030 9	0.018 5
T_3	0.043 2	0.030 9	0.049 4	0.055 6	0.043 2
T_4	0.037 0	0.043 2	0.037 0	0.030 9	0.055 6
T_5	0.030 9	0.012 3	0.049 4	0.030 9	0.061 7

（2）通过信息熵法获得各个指标常权：

$$W = (0.26, 0.24, 0.07, 0.18, 0.25)$$

（3）令 $\varepsilon_i (i = 1, 2, 3, 4, 5)$ 分别为 0.6、0.3、0.5、0.4、0.3，表示几种武器目标所处的战场环境的环境因子，综合考虑几种目标的威胁属性，实现分布式评估。

（4）根据式（3-35）进行单个目标的多种威胁属性的融合，形成对单个威胁目标的整体上的分析。根据上述定义，选取部分 α_i、β_{ij} 值，代表某一战场环境。各个目标的 $\alpha_i(i=1,2,3,4,5)$、$\beta_{ij}(i,j=1,2,3,4,5)$ 值如表 4-5 所示。

表 4-5 各个目标的 α_i、β_{ij} 值

编号	1	2	3	4	5
α_i	0.367 9	0.297 8	0.013 4	0.170 7	0.148 4
β_{ij}	0.036 3	0.059 8	0.010 6	0.031 5	0.068 4
	0.059 2	0.071 7	0.049 1	0.002 7	0.063 4
	0.069 8	0.050 7	0.056 6	0.055 5	0.029 3
	0.049 1	0.012 8	0.052 8	0.002 4	0.020 7
	0.003 4	0.007 3	0.061 5	0.051 9	0.023 7

（5）对比几种威胁评估结果的威胁度并排序，得到整体上的评估效果，如表 4-6～表 4-9 和图 4-5 所示。

表 4-6 单目标多指标变权

威胁目标	机动能力	毁伤能力	通信水平	距离因素	抗干扰能力
T_1	0.072 8	0.067 2	0.010 9	0.022 4	0.070 0
T_2	0.064 7	0.014 9	0.019 6	0.028 0	0.023 3
T_3	0.056 6	0.037 3	0.017 4	0.050 4	0.054 4
T_4	0.048 5	0.052 2	0.013 1	0.028 0	0.070 0
T_5	0.040 4	0.014 9	0.017 4	0.028 0	0.077 7

表 4-7 多目标多指标变权

威胁目标	机动能力	毁伤能力	通信水平	距离因素	抗干扰能力
T_1	0.099 8	0.092 1	0.014 9	0.030 7	0.096 0
T_2	0.044 4	0.010 2	0.013 4	0.019 2	0.016 0
T_3	0.064 7	0.042 7	0.019 9	0.057 6	0.062 2
T_4	0.044 4	0.047 8	0.011 9	0.025 6	0.064 0
T_5	0.027 7	0.010 2	0.011 9	0.019 2	0.053 3

表4-8 整体变权结果

威胁目标	机动能力	毁伤能力	通信水平	距离因素	抗干扰能力
T_1	0.096 2	0.070 6	0.023 1	0.044 5	0.102 1
T_2	0.082 4	0.060 1	0.019 7	0.038 2	0.087 4
T_3	0.016 8	0.012 2	0.004 2	0.007 6	0.017 6
T_4	0.048 7	0.035 3	0.011 8	0.022 3	0.051 7
T_5	0.042 0	0.030 7	0.010 1	0.019 7	0.045 0

表4-9 综合排序结果

威胁目标	常权属性		单目标多指标变权综合		多目标多指标变权综合		整体综合变权	
	威胁度	排序	威胁度	排序	威胁度	排序	威胁度	排序
T_1	0.26	1	0.243 3	1	0.333 5	1	0.173 8	3
T_2	0.24	3	0.150 5	5	0.103 2	5	0.233 2	2
T_3	0.07	5	0.216 1	2	0.247 1	2	0.279 3	1
T_4	0.18	4	0.211 8	3	0.193 7	3	0.165 9	4
T_5	0.25	2	0.178 4	4	0.122 3	4	0.147 8	5

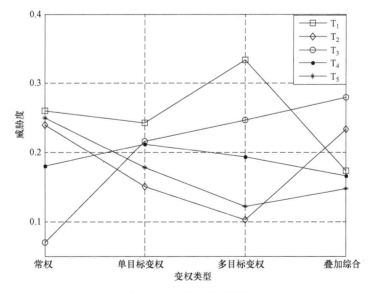

图4-5 变权效果折线图

从表 4-9 和图 4-5 可以看出，常权属性下威胁度排序依次为 T1＞T3＞T5＞T4＞T2；通过多种属性的综合考虑，利用单目标和多目标的变权综合获得的威胁排序结果均为 T1＞T5＞T2＞T3＞T4，与常权综合相比，可以看出步战车和坦克的威胁度上升，即具有一定机动优势的目标呈现更大的威胁，说明可能是进攻的态势；通过计算双层变权，整体综合变权获得的威胁排序结果为 T3＞T2＞T1＞T4＞T5，说明整个战场态势演变为一种防御态势，由综合变权的威胁结果可以看出整体的战场态势可能受到大规模集群火力的压制，所以一直威胁最大的武装直升机的威胁减小，而步战车和反坦克弹道等地面突击武器威胁度上升，很有可能会受到对方的突袭等威胁。如果只考虑表 4-4 和表 4-9 的话，会难以准确地判断战场目标的威胁，尤其是整体上的威胁，很可能与单目标的评估有较大差异。其中，变权评估预测输出以及误差百分比如图 4-6 所示。

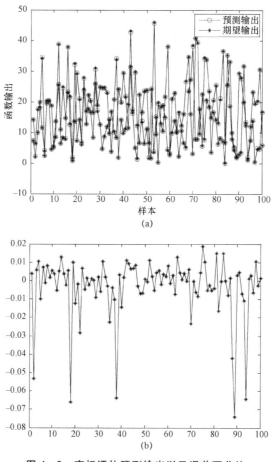

图 4-6　变权评估预测输出以及误差百分比
（a）变权评估预测输出；（b）变权评估预测误差百分比

根据图 4-6 的结果可知，基于双层融合变权的分布式目标威胁评估方法，能够有效利用战场态势信息和战场武器装备信息，对目标的威胁度进行实时的调整与更新；如果忽略属性变化的影响，与之前的评估结果相比较，其威胁度信息有较大的起伏，表明战场环境与战场态势的变化也会对目标威胁度有影响。

4.6 基于组合赋权-VIKOR 法的目标威胁评估方法

现有目标威胁评估方法在主观赋权时易受个别非领域内专家的绝对权威性影响，在处理不同类型指标时，如定性与定量、模糊与精确，太注重统一化、精确化等，容易造成评估结果失真。本节提出一种基于组合赋权和多准则优化妥协决策相结合的目标威胁评估模型。该方法利用直觉模糊集能够综合反映支持、中立和反对三个不同角度信息，在处理模糊性和不确定性问题方面具有更细腻、客观的优势，综合考虑多名专家的相对权重和所给数据的位置权重，结合直觉模糊混合加权集结算子求解指标主观权重；利用直觉模糊熵和熵权法分析混合决策矩阵，求解客观权重，建立偏差最小的组合权重模型求解出最终权重；将 VIKOR 法引入地面战场多目标威胁评估中，不仅能够对混合型指标数据直接进行集结，而且能实现整体效益的最大化和个体遗憾的最小化，进而确定最终的折中方案。

4.6.1 直觉模糊集

直觉模糊集本质上与 Vague 是等价的。前面章节我们对 Vague 集及其在目标威胁评估上的应用进行了介绍，也介绍了直觉模糊集的概念。为方便论述直觉模糊集在目标威胁评估上的应用，我们有必要简单介绍一下直觉模糊集的有关基本知识。

直觉模糊集是由保加利亚教授 K.T.Atanassov 在 1983 年提出，填补了传统的模糊集理论无法表示中立，即"非此非彼"状态的空白，能够同时表示对某种事物的支持、反对和中立三种不同的态度，对事物的描述更加细腻和全面。

1. 直觉模糊集的犹豫度

设 X 是非空有限论域，则对论域中一个直觉模糊集 A，可记为

$$A = \{\langle x, u_A(x), v_A(x)\rangle | x \in X\} \quad (4-30)$$

对于 $\forall x \in X$, $\pi_A(x) = 1 - u_A(x) - v_A(x)$，表示 x 属于集合 A 的不确定度或犹豫度。

2. 直觉模糊集运算关系

两个模糊集 $A = \{\langle x, u_A(x), v_A(x) \rangle | x \in X\}$ 和 $B = \{\langle x, u_B(x), v_B(x) \rangle | x \in X\}$，模糊运算关系为：

（1） $A + B = \{\langle x, u_A(x) + u_B(x) - u_A(x)u_B(x), v_A(x)v_B(x) \rangle | x \in X\}$。

（2） $AB = \{\langle x, u_A(x)u_B(x), v_A(x) + v_B(x) - v_A(x)v_B(x) \rangle | x \in X\}$。

（3） $\lambda A = \{\langle x, 1 - (1 - u_A(x))^\lambda, (v_A(x))^\lambda \rangle | x \in X\}$。

3. 直觉模糊集的距离

对于论域 $X = (x_1, x_2, \cdots, x_n)$ 上两个模糊集 $A = \{\langle x_j, u_A(x_j), v_A(x_j) \rangle | x_j \in X\}$ 和 $B = \{\langle x_j, u_B(x_j), v_B(x_j) \rangle | x_j \in X\}$，它们之间的闵可夫斯基归一化距离为

$$d(A, B) = \sqrt[q]{\frac{1}{2n} \sum_{j=1}^{n} \left[(u_A(x_j) - u_B(x_j))^q + (v_A(x_j) - v_B(x_j))^q + (\pi_A(x_j) - \pi_B(x_j))^q \right]}$$

（4-31）

其中，q 取 1、2 或 ∞，分别表示海明归一化距离、欧几里得归一化距离和切比雪夫归一化距离。在实际决策问题中，q 的取值视具体情况而定，这里，取 $q = 1$。

4. 直觉模糊集的排序规则

记直觉模糊集 $A = \langle u, v \rangle$ 的得分值 $M(A)$ 和精确值 $\Delta(A)$ 可表示为

$$\begin{cases} M(A) = u - v \\ \Delta(A) = u + v \end{cases} \quad (4-32)$$

则 2 个直觉模糊集 A_i 和 A_j 的排序规则为：

（1） 若 $M(A_i) > M(A_j)$，则 $A_i > A_j$。

（2） 当 $M(A_i) = M(A_j)$ 时，若

① $\Delta(A_i) = \Delta(A_j)$，则 $A_i = A_j$。

② $\Delta(A_i) < \Delta(A_j)$，则 $A_i < A_j$。

③ $\Delta(A_i) > \Delta(A_j)$，则 $A_i > A_j$。

5. 直觉模糊集的混合加权集结算子

设 $A_j = \langle u_j, v_j \rangle (j = 1, 2, \cdots, n)$ 是直觉模糊集，$\hat{A}_i$ 是对 $A_j (j = 1, 2, \cdots, n)$ 赋予相应

的权重 ω_j 得到 $\omega_j A_j$，然后乘以平衡系数 n 得到加权后的直觉模糊数组 $\hat{A}_j = n\omega_j A_j (j=1,2,\cdots,n)$。$\hat{B}_k = \langle \hat{u}_k, \hat{v}_k \rangle (k=1,2,\cdots,n)$ 是 n 个直觉模糊集 $A_j(j=1,2,\cdots,n)$ 按照上述排序规则由小到大所确定的第 k 个最大元素，则若映射 $f^H_{\omega,w}: F^n \to F$ 使得

$$f^H_{\omega,w}(A_1, A_2, \cdots, A_n) = \sum_{k=1}^n w_k \hat{B}_k = \left\langle 1 - \prod_{k=1}^n (1-\hat{u}_k)^{w_k}, \prod_{k=1}^n \hat{v}_k^{w_k} \right\rangle \quad (4-33)$$

则称 $f^H_{\omega,w}$ 为直觉模糊集混合加权集结算子。其中，$w_k(k=1,2,\cdots,n)$ 是排序为 k 的模糊集的位置权重。

4.6.2 组合赋权－VIKOR 法的威胁评估模型的建立

本小节把直觉模糊理论拓展到 VIKOR 方法中，建立了单目标威胁评估模型，模型综合考虑主客观权重进行组合赋权对 VIKOR 法进行加权改进，其评估过程如图 4－7 所示。

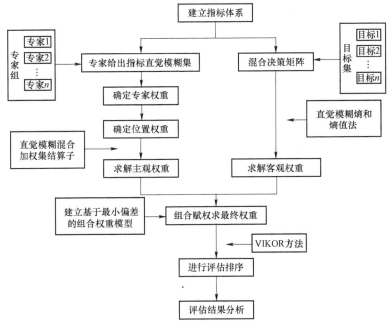

图 4－7　模型评估过程

1. 确定指标体系

影响战场目标威胁大小的因素很多，我们在给出预选指标集的基础之上，结合作战实际和专家筛选结果统计分析，最终确定了火力打击能力、机动突击

能力、防护能力、相对距离、相对速度、相对方位 6 个主要评估指标，建立了多目标威胁评估指标体系，如表 4-10 所示。

表 4-10 评价指标体系

目标层	指标层	指标类型		指标编号
单目标威胁评估指标体系	火力打击能力	定性	效益型	C1
	机动突击能力	定性	效益型	C2
	防护能力	定性	效益型	C3
	相对距离	定量	成本型	C4
	相对速度	定量	效益型	C5
	相对方位	定量	成本型	C6

其中，定性指标可由模糊语言来描述，然后依据表 4-11 的转化关系进行量化。定量指标可直接获取具体的数值。

表 4-11 模糊语言与直觉模糊数转化关系

语言程度	标记形式	直觉模糊数
极强	ES	0.95，0.05
非常强	VS	0.85，0.10
强	S	0.75，0.15
比较强	MS	0.65，0.20
一般	M	0.50，0.35
比较弱	MW	0.35，0.55
弱	W	0.25，0.60
非常弱	VW	0.15，0.70
极弱	EW	0.05，0.95

2. 确定组合权重

多属性决策中，权重的确定是实现评估决策的重要一步。权重的确定方法有主观法（如德尔菲法、层次分析法等）和客观法（熵值法、主成分分析法等），单一地使用主观或客观方法都可能导致权重失真，主客观组合赋权更加准确与合理。

1）求解主观权重

假设共有 p 名专家，m 个待评价目标，n 个评价指标。则专家集 $T=(t_1,t_2,\cdots,t_p)$，目标集 $X=(x_1,x_2,\cdots,x_m)$，指标集 $O=(o_1,o_2,\cdots,o_n)$，主观权重的确定步骤如下。

Step1 获取专家对指标的直觉模糊集评价矩阵 $\boldsymbol{F}=(F_{ij})_{p\times n}=\langle u_{ij},v_{ij}\rangle_{p\times n}$：

$$\boldsymbol{F}=(F_{ij})_{p\times n}=\langle u_{ij},v_{ij}\rangle_{p\times n}=\begin{bmatrix}\langle u_{11},v_{11}\rangle & \langle u_{12},v_{12}\rangle & \cdots & \langle u_{1n},v_{1n}\rangle \\ \langle u_{21},v_{21}\rangle & \langle u_{22},v_{22}\rangle & \cdots & \langle u_{2n},v_{2n}\rangle \\ \vdots & \vdots & \ddots & \vdots \\ \langle u_{p1},v_{p1}\rangle & \langle u_{p2},v_{p2}\rangle & \cdots & \langle u_{pn},v_{pn}\rangle\end{bmatrix} \quad (4-34)$$

式中，F_{ij} 为第 i 个专家对第 j 个指标的直觉模糊集评价。

Step2 确定专家权重。专家权重可根据专家的专业水平和工作经验、研究方向等因素综合考虑，可采用层次分析法、相对比较法、德尔菲法等方法或直接由决策者给出专家权重向量 $\boldsymbol{\omega}=(\omega_1,\omega_2,\cdots,\omega_p)$。因为不是我们讨论的重点，这里不再赘述。

Step3 根据直觉模糊运算关系计算 F_{ij} 加权后的直觉模糊集 $\widehat{F}_{ij}$：

$$\widehat{\boldsymbol{B}}_{kj}=\langle\hat{u}_{kj},\hat{v}_{kj}\rangle_{p\times n}=p\omega_i F_{ij}=\langle 1-(1-u_{ij})^{p\omega_i},v_{ij}^{p\omega_i}\rangle \quad (4-35)$$

Step4 利用直觉模糊集排序规则，确定 p 个直觉模糊集 $\widehat{F}_{ij}(i=1,2,\cdots,p)$ 的第 k 个最大元素 $\widehat{\boldsymbol{B}}_{kj}=\langle\hat{u}_{kj},\hat{v}_{kj}\rangle(k=1,2,\cdots,p)$。

Step5 确定位置权重。多个专家对同一指标进行重要度评判时，评判数据可能会因为专家经验不同而出现较大偏差，利用位置权重对过高和过低评判进行抑制，可消除部分人为因素的影响，位置权重可用二项系数法来确定，计算公式为

$$w_k=\frac{C_{p-1}^{k-1}}{\sum_{k=1}^{p}C_{p-1}^{k-1}}=\frac{C_{p-1}^{k-1}}{2^{p-1}},k=1,2,\cdots,p \quad (4-36)$$

式中，k 为按排序规则排序后的位次，p 为专家数量。

Step6 利用公式（4-33）得到直觉模糊混合加权算子，计算得到专家对指标 j 的综合评价矩阵 $\boldsymbol{A}_j=\langle\overline{u_j},\overline{v_j}\rangle,j=1,2,\cdots,n$。

Step7 确定主观权重。依据乐云等人给出的改进记分函数，将直觉模糊数 A_j 转化为精确数值 W_j^*：

$$W_j^*=\overline{u_j}+\frac{1+\overline{u_j}-\overline{v_j}}{2}\overline{\pi_j} \quad (4-37)$$

然后归一化得到主观权重矩阵 $\boldsymbol{W}' = (W_1', W_2', \cdots, W_n')$。

2）求解客观权重

Step1　构建混合评估决策矩阵。

确定各个目标在不同指标下的属性值，属性值为模糊语言的，按照表 4-11 转化为直觉模糊数，属性值为精确数值的需要标准化，构成混合评估决策矩阵 $\boldsymbol{Y} = (y_{ij})_{m \times n}$。

$$\boldsymbol{Y} = \begin{pmatrix} y_{11} & y_{12} & \cdots & y_{1n} \\ y_{21} & y_{22} & \cdots & y_{2n} \\ \vdots & \vdots & \ddots & \vdots \\ y_{m1} & y_{m2} & \cdots & y_{mn} \end{pmatrix} \xrightarrow{\text{对应于}} \begin{pmatrix} \langle u_{11}, v_{11} \rangle & \langle u_{12}, v_{12} \rangle & \cdots & a_{1n} \\ \langle u_{21}, v_{21} \rangle & \langle u_{22}, v_{22} \rangle & \cdots & a_{2n} \\ \vdots & \vdots & \ddots & \vdots \\ \langle u_{m1}, v_{m1} \rangle & \langle u_{m2}, v_{m2} \rangle & \cdots & a_{mn} \end{pmatrix}$$

Step2　直觉模糊熵求解模糊熵权。

对于混合型决策矩阵中的直觉模糊数组，采用直觉模糊熵来计算各指标的信息熵，指标 j 下的直觉模糊熵可表示为

$$H_j = \frac{1}{m} \sum_{i=1}^{m} \frac{1 - |u_{ij} - v_{ij}|^2 + \pi_{ij}^2}{2} \quad (4-38)$$

则指标 j 的熵权为

$$W_j = \frac{1 - H_j}{a - \sum_{j=1}^{a} H_j} \quad (4-39)$$

式中，a 为混合决策矩阵中直觉模糊集的列数，$1 \leq j \leq a$。

Step3　熵权法求解精确数熵权。

对于混合型决策矩阵中的精确数组，利用熵权法计算指标的熵权 W_j。其中，$1 \leq j \leq n - a$。

Step4　将两种熵权结果归一化求出客观权重 W_j''。

3）构建基于最小偏差的组合权重模型求解最终权重

最小偏差原则是指，最终权重与主观权重所形成的主观偏差和与客观权重所形成的客观偏差之和最小。设决策矩阵为 $\boldsymbol{Y} = (y_{ij})_{m \times n}$，则目标 i 的主观偏差为

$$h_i(W') = \sum_{j=1}^{n} [y_{ij}(W_j - W_j')]^2 \quad (4-40)$$

同理，目标 i 的客观偏差为

$$z_i(W'') = \sum_{j=1}^{n}\left[y_{ij}\left(W_j - W_j''\right)\right]^2 \quad (4-41)$$

基于偏差最小的组合权重模型为

$$\begin{cases} \min\left(\alpha \sum_{i=1}^{m} h_i(W') + \beta \sum_{i=1}^{m} z_i(W'')\right) \\ \text{s.t. } \sum_{j=1}^{n} W_j = 1, W_j \geqslant 0 \end{cases} \quad (4-42)$$

式中，α、β 分别为主客观偏差系数。求解该模型，即可获得最终组合权重 W。

3. VIKOR 法求得最终评估结果

多准则优化妥协决策法是原南斯拉夫的 Opricovic 教授于 1998 年提出的一种解决多属性决策问题的有效方法，近年来相关研究逐渐兴起并在很多领域广泛应用。VIKOR 法能够对混合型的决策矩阵直接进行计算，并能综合考虑群体效益和个体遗憾，进而确定妥协后的折中方案，具有更好的灵活性和适应性。其决策步骤如下。

1）确定正理想解和负理想解

对于效益型指标：

当 y_{ij} 为直觉模糊集时，$y_j^+ = \langle \max_i u_{ij}, \min_i v_{ij} \rangle$，$y_j^- = \langle \min_i u_{ij}, \max_i u_{ij} \rangle$；

当 y_{ij} 为精确数值时，$y_j^+ = \max_i a_{ij}$，$y_j^- = \min_i a_{ij}$。

对于成本型指标：

当 y_{ij} 为直觉模糊集时，$y_j^+ = \langle \min_i u_{ij}, \max_i v_{ij} \rangle$，$y_j^- = \langle \max_i u_{ij}, \min_i v_{ij} \rangle$；

当 y_{ij} 为精确数值时，$y_j^+ = \min_i a_{ij}$，$y_j^- = \max_i a_{ij}$。

2）计算第 i 个待评价目标的群体效益值 S_i 和个体遗憾值 R_i

$$S_i = \sum_{j=1}^{n} W_j \frac{d(y_j^+, y_{ij})}{d(y_j^+, y_j^-)} \quad (4-43)$$

$$R_i = \max_j \left(W_j \frac{d(y_j^+, y_{ij})}{d(y_j^+, y_j^-)}\right) \quad (4-44)$$

式中，W_j 为指标的最终组合权重。直觉模糊集的距离 d 可由式（4-31）求得，精确数的距离可直接求差的绝对值。

3）计算妥协折中值 Q_i，确定威胁度排序

$$Q_i = v\frac{S_i - \min_i S_i}{\max_i S_i - \min_i S_i} + (1-v)\frac{R_i - \min_i R_i}{\max_i R_i - \min_i R_i} \quad (4-45)$$

式中，v 为决策者对群体效益和个体遗憾的折中系数，如果 $v > 0.5$ 表明决策时更偏向群体效益，如果 $v < 0.5$ 表明决策时更偏向个体遗憾，$v = 0.5$ 表明决策时不存在明显偏好。这里，取 $v = 0.6$，即兼顾群体效益和个体遗憾的同时，稍偏向大多数群体，这也符合客观决策实际。妥协折中值 Q_i 越小表示目标威胁度越大。

4.6.3 实例仿真

假设在一次作战演习中，我方通过侦察感知装备发现在不同距离和方位上有敌合成部队的 6 个目标（坦克 1、坦克 2、直升机、榴炮车、医疗车和步战车），并得到相关原始数据，如表 4-12 所示。

表 4-12 目标原始数据

目标	火力打击能力	机动突击能力	防护能力	相对距离/m	相对速度/(km·h^{-1})	相对方位/(°)
坦克 1	强	强	非常强	800	50	10
坦克 2	强	强	非常强	1 200	40	30
直升机	极强	极强	比较强	1 000	80	10
榴炮车	非常强	一般	强	1 500	20	50
医疗车	非常弱	比较强	弱	2 000	10	35
步战车	比较强	非常强	比较强	800	60	15

1. 仿真过程

由原始数据构建混合决策矩阵为

$$Y = \begin{bmatrix} \langle 0.75, 0.15 \rangle & \langle 0.75, 0.15 \rangle & \langle 0.85, 0.10 \rangle & 0.110 & 0.192 & 0.067 \\ \langle 0.75, 0.15 \rangle & \langle 0.75, 0.15 \rangle & \langle 0.85, 0.10 \rangle & 0.164 & 0.154 & 0.200 \\ \langle 0.95, 0.05 \rangle & \langle 0.95, 0.05 \rangle & \langle 0.65, 0.20 \rangle & 0.137 & 0.308 & 0.067 \\ \langle 0.85, 0.10 \rangle & \langle 0.50, 0.35 \rangle & \langle 0.75, 0.15 \rangle & 0.205 & 0.077 & 0.333 \\ \langle 0.15, 0.75 \rangle & \langle 0.65, 0.20 \rangle & \langle 0.25, 0.65 \rangle & 0.274 & 0.038 & 0.233 \\ \langle 0.65, 0.20 \rangle & \langle 0.85, 0.10 \rangle & \langle 0.65, 0.20 \rangle & 0.110 & 0.231 & 0.100 \end{bmatrix}$$

设所找的相关领域的 5 名专家给出指标的直觉模糊集评价数据如表 4-13 所示。

表 4-13 专家对指标的评判矩阵

专家	火力打击能力	机动突击能力	防护能力	相对距离	相对速度	相对方位
1	⟨0.85,0.1⟩	⟨0.6,0.2⟩	⟨0.5,0.2⟩	⟨0.7,0.25⟩	⟨0.5,0.2⟩	⟨0.7,0.2⟩
2	⟨0.8,0.15⟩	⟨0.7,0.1⟩	⟨0.4,0.3⟩	⟨0.75,0.1⟩	⟨0.6,0.2⟩	⟨0.65,0.2⟩
3	⟨0.75,0.2⟩	⟨0.6,0.25⟩	⟨0.45,0.3⟩	⟨0.8,0.1⟩	⟨0.5,0.3⟩	⟨0.65,0.1⟩
4	⟨0.7,0.2⟩	⟨0.65,0.1⟩	⟨0.55,0.2⟩	⟨0.7,0.2⟩	⟨0.45,0.3⟩	⟨0.6,0.2⟩
5	⟨0.85,0.05⟩	⟨0.5,0.2⟩	⟨0.4,0.4⟩	⟨0.75,0.1⟩	⟨0.55,0.25⟩	⟨0.7,0.15⟩

令专家权重为 $\omega=(0.2,0.25,0.18,0.15,0.22)$，得到加权并按规则排序后的直觉模糊集矩阵为

$$\widehat{B}=\begin{bmatrix} \langle 0.59,0.3\rangle & \langle 0.56,0.29\rangle & \langle 0.43,0.36\rangle & \langle 0.59,0.3\rangle & \langle 0.36,0.41\rangle & \langle 0.5,0.3\rangle \\ \langle 0.71,0.23\rangle & \langle 0.53,0.17\rangle & \langle 0.42,0.34\rangle & \langle 0.7,0.25\rangle & \langle 0.46,0.34\rangle & \langle 0.61,0.13\rangle \\ \langle 0.85,0.1\rangle & \langle 0.54,0.18\rangle & \langle 0.45,0.3\rangle & \langle 0.77,0.13\rangle & \langle 0.5,0.2\rangle & \langle 0.7,0.2\rangle \\ \langle 0.87,0.09\rangle & \langle 0.6,0.2\rangle & \langle 0.47,0.22\rangle & \langle 0.78,0.08\rangle & \langle 0.58,0.22\rangle & \langle 0.73,0.13\rangle \\ \langle 0.88,0.04\rangle & \langle 0.78,0.06\rangle & \langle 0.5,0.2\rangle & \langle 0.82,0.06\rangle & \langle 0.68,0.13\rangle & \langle 0.73,0.12\rangle \end{bmatrix}$$

利用式（4-36）计算位置权重为 $w=(0.0625,0.25,0.375,0.25,0.0625)$，结合式（4-33）直觉模糊混合加权集结算子，计算出集结后的指标直觉模糊集评价矩阵：

$$A=(\langle 0.821,0.133\rangle,\langle 0.575,0.175\rangle,\langle 0.450,0.282\rangle,\langle 0.752,0.136\rangle,$$
$$\langle 0.518,0.238\rangle,\langle 0.680,0.160\rangle)$$

利用式（4-37）转化为精确数值并归一化得到主观权重：

$$W'=(0.190,0.165,0.134,0.186,0.149,0.177)$$

利用信息熵求出客观权重为

$$W''=(0.173,0.166,0.161,0.074,0.209,0.219)$$

考虑到主观权重综合了多名专家的意见比较可信，而信息熵法根据属性值的差异来确定权重大小易出现失真，所以对主观权重较为侧重，令 $\alpha=0.7$，$\beta=0.3$，解组合权重模型求出组合权重为

$$W=(0.185,0.165,0.142,0.152,0.167,0.190)$$

由混合决策矩阵求出正负理想解为

$$y^+ = (\langle 0.95, 0.05 \rangle, \langle 0.95, 0.05 \rangle, \langle 0.85, 0.1 \rangle, 0.110, 0.308, 0.067)$$

$$y^- = (\langle 0.15, 0.75 \rangle, \langle 0.5, 0.35 \rangle, \langle 0.25, 0.65 \rangle, 0.274, 0.038, 0.333)$$

利用式（4-43）~式（4-45），分别计算出各个目标的群体效益 S_i、个体遗憾 R_i 和妥协折中值 Q_i，如表 4-14 所示。

表 4-14　目标的 S_i，R_i，Q_i 值

目标	群体效益 S_i	个体遗憾 R_i	妥协折中值 Q_i	排序
坦克1	0.185	0.073	0.158	2
坦克2	0.356	0.089	0.330	4
直升机	0.077	0.045	0	1
榴炮车	0.623	0.177	0.773	5
医疗车	0.879	0.190	1	6
步战车	0.217	0.071	0.176	3

由结果可知，威胁度从大到小排序为：直升机，坦克1，步战车，坦克2，榴炮车，医疗车。分析原始战场态势可知，直升机火力和机动性很强，相对速度高，威胁最大。坦克1火力、机动和防护都较强，距离较近，相对方位小，威胁次之。步战车比坦克2机动性强、距离近、相对速度高且相对方位小，威胁比坦克2要大。榴炮车虽然火力强，可机动性弱，距离较远，相对方位较大，所以威胁较小。医疗车火力弱、距离远，威胁最小。实例仿真结果较为合理，符合战场客观实际。

2. 灵敏度分析

本小节所建的威胁评估模型可以考虑决策者的主观偏好，评估过程操作灵活，符合作战实际。但威胁评估模型应该在决策者的不同偏好下具有相对稳定性，否则不同的偏好会出现不同的评估排序结果，不仅不能达到辅助决策的目的，反而会对作战指挥决策造成误导。这里，将 $v \in [0,1]$ 以 0.1 为一个标准间隔进行 11 次取值，得到 11 组不同的妥协折中解矩阵。通过对 11 组妥协折中解矩阵进行比较，分析不同的 v 值对威胁排序结果的影响，以考察所建模型的稳定性。不同折中系数下的目标威胁排序如图 4-8 所示。

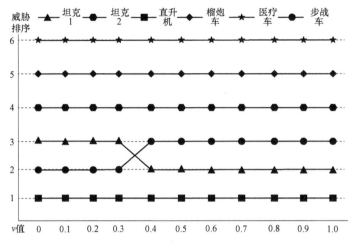

图 4-8 不同折中系数下的目标威胁排序

由图 4-8 敏感度分析结果可知，在不同的 v 值下，直升机、坦克 2、榴炮车、医疗车的威胁度排序基本不发生变化，坦克 1 和步战车的威胁排序仅有一次突变，模型总体上具有很好的稳定性。其中，当 $v \leqslant 0.3$ 时，步战车威胁大于坦克 1，当 $v \geqslant 0.4$ 时，坦克 1 威胁大于步战车，这是因为不同的折中系数 v 值表明决策者对群体和个体的侧重不同，评估结果会略有差异，评估决策能兼顾指挥员的主观偏好，具有更大的灵活性，威胁评估结果较为合理。

3. 对比分析

VIKOR 法与 TOPSIS 法都需要求解决策矩阵的正负理想解，所不同的是，VIKOR 法着重考虑正负理想解之间的相关性，而 TOPSIS 法考虑待评价对象与理想解的相对贴近度，贴近度越大，目标威胁越大。利用 TOPSIS 法得出目标威胁评估结果，与所建立的组合赋权 - VIKOR 模型进行对比分析，可进一步证明模型的有效性与可行性。其贴近度计算方法如式（4-46）所示：

$$C_i = \frac{D_i^-}{D_i^- + D_i^+} \quad (4-46)$$

其中，相对贴近度 C_i 越大，目标 i 的威胁越大。D_i^- 为待评价对象与负理想解的加权距离，D_i^+ 为待评价对象与正理想解的加权距离。求出 TOPSIS 法评估结果并与 VIKOR 法对比，如表 4-15 所示。

表 4–15 两种方法的威胁评估结果对比

目标	TOPSIS 法				VIKOR 法	
	D_i^-	D_i^+	C_i	排序	Q_i	排序
坦克 1	1.067 3	0.249 3	0.810 6	2	0.158	2
坦克 2	0.842 3	0.474 3	0.639 8	4	0.330	4
直升机	1.239 7	0.093 7	0.929 7	1	0	1
榴炮车	0.508 0	0.808 7	0.385 8	5	0.773	5
医疗车	0.150 0	1.166 7	0.113 9	6	1	6
步战车	1.040 0	0.310 0	0.770 4	3	0.176	3

由表 4–15 结果可知，VIKOR 法与 TOPSIS 法的目标威胁评估结果高度一致，对比结果进一步表明了所建模型的准确性与合理性。

第 5 章

基于机器学习的目标威胁评估方法

基于加权综合的威胁评估方法需要知道各个属性指标的权重信息,这些权重的确定往往是比较困难的。基于机器学习的威胁评估是一种简单易行的评估方法,首先根据待评估目标的特点选取评估指标,根据专家经验和实战数据获得训练样本,然后对建立的机器学习模型进行训练,最后通过目标的指标值代入训练好的模型中获得目标的威胁度。基于机器学习的评估方法是一类智能评估方法,这类方法通过对样本进行学习,形成目标威胁评估模型,实现对未知目标的预测性威胁评估。

5.1 基于多元回归的目标威胁评估

机器学习针对的问题可以分为两种：回归和分类。回归是解决连续数据的预测问题，而分类是解决离散数据的预测问题。多元回归分析是一种统计学方法，能够将多个因素的结果进行建模回归，从而得出一般性的结论。威胁评估中通常需要考虑多个因素，因此我们利用多元回归的方法，建立多属性指标与威胁度之间的模型，实现目标的威胁评估。

5.1.1 解决思路

多元回归可以分为多元线性回归和多元非线性回归。根据威胁评估的数据特点，可以选择线性回归或者非线性回归方法建立威胁评估模型，以获得最优的评估效果。基于多元回归的威胁评估方法主要解决思路如下：首先根据 5.1.2 小节的方法获得样本的威胁评估指标参数及其准确的威胁度；然后建立回归模型；最后依据回归模型预测新的目标的威胁度。

5.1.2 多元线性回归的基本原理

多元线性回归是一个典型的回归问题，其目标是通过建立的一个多元线性回归模型尽可能准确地预测输出结果。

1. 多元线性回归模型

假设数据集中共有 m 个样本,每个样本有 n 个特征,用 X 矩阵表示样本特征,是一个 $m \times n$ 的矩阵。

$$X = \begin{bmatrix} x_{11} & x_{12} & \cdots & x_{1n} \\ x_{21} & x_{22} & \cdots & x_{2n} \\ \vdots & \vdots & \ddots & \vdots \\ x_{m1} & x_{m2} & \cdots & x_{mn} \end{bmatrix} \quad (5-1)$$

用 Y 矩阵表示标签,是一个 $m \times 1$ 的矩阵:

$$Y = \begin{bmatrix} y_1 & y_2 & \cdots & y_m \end{bmatrix} \quad (5-2)$$

为了构建线性模型,我们还需要假设一些参数:

$$\theta = \begin{bmatrix} \theta_1 & \theta_2 & \cdots & \theta_n \end{bmatrix}^T \quad (5-3)$$

为了构建多元回归方程,一般还需要设定一个偏差 θ_0,那么

$$\hat{y}_i = \theta_0 + \theta_1 x_{i1} + \cdots + \theta_k x_{ik} + \cdots + \theta_n x_{in} \quad (5-4)$$

式中,$\hat{y}_i$ 为预测值。设 ε_i 为预测值与实际值之间的误差,则实际值 y_i 可以记为

$$y_i = \theta_0 + \theta_1 x_{i1} + \cdots + \theta_k x_{ik} + \cdots + \theta_n x_{in} + \varepsilon_i \quad (5-5)$$

设 $x_{i0} = 1$,$X = (x_{ij})_{m \times (n+1)}$,$\theta = (\theta_j)_{(n+1) \times 1}$,$j = 1, 2, \cdots, n$。为了便于描述,下面我们将其写成矩阵形式,推导参数 θ 的确定方法:

$$h_\theta(X) = X\theta \quad (5-6)$$

式中,$h_\theta(X)$ 为模型得到的预测结果。

计算预测结果与实际值之间的代价:

$$J(\theta) = \frac{1}{2}(h_\theta(X) - Y)^2 = \frac{1}{2}(X\theta - Y)^2 \quad (5-7)$$

$J(\theta)$ 表示预测值与实际值之间的整体误差,该误差越小越好,因此对其求偏导并令偏导数为 0,求解方程。在求偏导之前对 $J(\theta)$ 展开:

$$\begin{aligned} J(\theta) &= \frac{1}{2}(X\theta - Y)^T(X\theta - Y) \\ &= \frac{1}{2}(\theta^T X^T X\theta - \theta^T X^T Y - Y^T X\theta + Y^T Y) \end{aligned} \quad (5-8)$$

对代价函数 $J(\theta)$ 求关于 θ 的偏导[①]:

---

① 矩阵求偏导的基本公式为 $\dfrac{\mathrm{d}AB}{\mathrm{d}B} = A^T$,$\dfrac{\mathrm{d}A^T B}{\mathrm{d}A} = B$,$\dfrac{\mathrm{d}A^T BA}{\mathrm{d}A} = 2BA$。

$$\frac{\partial J(\boldsymbol{\theta})}{\partial \boldsymbol{\theta}} = \frac{1}{2}\left(\frac{\partial \boldsymbol{\theta}^T X^T X \boldsymbol{\theta}}{\partial \boldsymbol{\theta}} - \frac{\partial \boldsymbol{\theta}^T X^T Y}{\partial \boldsymbol{\theta}} - \frac{\partial Y^T X \boldsymbol{\theta}}{\partial \boldsymbol{\theta}} + \frac{\partial Y^T Y}{\partial \boldsymbol{\theta}} \right)$$
$$= \frac{1}{2}\left(2X^T X \boldsymbol{\theta} - X^T Y - (Y^T X)^T \right) \qquad (5-9)$$
$$= X^T X \boldsymbol{\theta} - X^T Y$$

令偏导数为 0：

$$\frac{\partial J(\boldsymbol{\theta})}{\partial \boldsymbol{\theta}} = X^T X \boldsymbol{\theta} - X^T Y = 0 \qquad (5-10)$$

可以解得

$$\boldsymbol{\theta} = (X^T X)^{-1} X^T Y \qquad (5-11)$$

注意，上述的解需要满足 $X^T X$ 可逆，事实上经常存在 $X^T X$ 不可逆的情况，所以难以采用直接计算的方法得到回归参数。即使 $X^T X$ 可逆，在维度较高时，求解的运算量也很大。因此，我们在实际应用中可以采用梯度下降的算法更新 $\boldsymbol{\theta}$，例如：

$$\theta_j := \theta_j - \alpha \frac{\partial J(\boldsymbol{\theta})}{\partial \boldsymbol{\theta}} \qquad (5-12)$$

式中，α 为学习率。

梯度下降算法（gradient descent optimization）是神经网络模型训练最常用的优化算法。对于深度学习模型，基本都是采用梯度下降算法来进行优化训练的。目标函数 $J(\boldsymbol{\theta})$ 关于参数 $\boldsymbol{\theta}$ 的梯度是目标函数上升最快的方向。对于最小化优化问题，只需要将参数沿着梯度相反的方向前进一个步长，就可以实现目标函数的下降。这个步长称为学习速率 η。参数更新公式如下：

$$\boldsymbol{\theta} \leftarrow \boldsymbol{\theta} - \eta \nabla_{\boldsymbol{\theta}} J(\boldsymbol{\theta}) \qquad (5-13)$$

式中，$\nabla_{\boldsymbol{\theta}} J(\boldsymbol{\theta})$ 为参数的梯度。

通常根据计算 $J(\boldsymbol{\theta})$ 采用数据量的不同，梯度下降算法可以分为批量梯度下降（batch gradient descent）算法，随机梯度下降（stochastic gradient descent）算法和小批量梯度下降（mini-batch gradient descent）算法。对于批量梯度下降算法，其 $J(\boldsymbol{\theta})$ 是在整个训练集上计算的，如果数据集较大，可能会面临内存不足问题，且其收敛速度一般较慢。随机梯度下降算法的 $J(\boldsymbol{\theta})$ 是针对训练集中的一个训练样本计算的，又称为在线学习，即得到一个样本，就执行一次参数更新，所以其收敛速度会快一些，但有可能出现目标函数值振荡现象，因为高频率的参数更新导致了高方差。小批量梯度下降算法是折中方案，选取训练集中一个小批量样本计算 $J(\boldsymbol{\theta})$，这样可以保证训练过程的稳定性，而且采用批量训练方法也可以利用矩阵计算的优势,这也是目前最常用的梯度下降算法。

用梯度下降法求解参数的方法可以参考机器学习相关书籍,这里不做详细介绍。

2. 多元线性回归显著性检验

统计检验是由统计理论决定的,目的在于检验模型的统计学性质。它是运用数理统计的方法,对方程进行检验、对模型参数估计值的可靠性进行检验,主要包括拟合优度检验、方程显著性检验、变量显著性检验等。

为了便于后续介绍,首先对几个统计检验中常用变量进行说明:

$\text{TSS} = \sum(y_i - \bar{y})^2$ ——总离差平方和

$\text{ESS} = \sum(\hat{y}_i - \bar{y})^2$ ——回归平方和

$\text{RSS} = \sum(y_i - \hat{y}_i)^2$ ——残差平方和

那么,由上述定义计算可得:$\text{TSS} = \text{ESS} + \text{RSS}$。

1)拟合优度检验(R^2 检验)

拟合优度检验是检验回归方程对样本观测值的拟合程度,即检验所有解释变量与被解释变量之间的相关程度。检验的方法是构造一个可以表征拟合程度的指标,这个指标是通过对总离差的分解而得到:

$$R^2 = \frac{\text{ESS}}{\text{TSS}} = 1 - \frac{\text{RSS}}{\text{TSS}} \quad (5-14)$$

式中,ESS 为回归平方和;TSS 为总离差平方和,二者之比表示模型解释的方差在因变量总的方差中的比例。

由于 R^2 是一个随解释变量个数的增加而递增的增函数,所以为使拟合优度检验指标不仅能反映已被解释的变差与总变差的关系,而且能反映回归模型中所包含的解释变量个数的影响,需要调整 R^2,记为 $\bar{R}^2$:

$$\bar{R}^2 = 1 - \frac{\text{RSS}/(m-n-1)}{\text{TSS}/(m-1)} \quad (5-15)$$

式中,m 为训练样本的个数;n 为自变量的个数;$(m-n-1)$ 为 ESS 的自由度;$m-1$ 为 TSS 的自由度。$\bar{R}^2$ 和 R^2 之间的关系:

$$\bar{R}^2 = 1 - (1 - R^2)\frac{m-1}{m-n-1} \quad (5-16)$$

可以看出,自变量越多,决定系数就会越小。这样,通常情况下调整决定系数越大则表示拟合效果越好。

2）方程显著性检验（F检验）

方程显著性检验就是对模型中解释变量与被解释变量之间的线性关系在总体上是否显著成立作出推断。即检验被解释变量 y 与所有解释变量 $x_1,x_2,\cdots,x_n$ 之间的线性关系是否显著，方程显著性检验所应用的方法是数理统计学中假设检验。

检验的原假设 H_0 与对立假设 H_1 分别为：

H_0：$\theta_0 = \theta_1 = \cdots = \theta_n = 0$；

H_1：至少有一个 θ_j 不为零，$j = 1,2,\cdots,n$。

应用数理统计理论可以证明：TSS 与 RSS 相互独立，且当 H_0：$\theta_0 = \theta_1 = \cdots = \theta_n = 0$ 为真时，TSS 与 RSS 分别服从自由度为 $(n, m-n-1)$ 的 χ^2 分布，故有

$$F = \frac{\text{TSS}/n}{\text{RSS}/(m-n-1)} \qquad (5-17)$$

即 F 统计量服从以 $(n, m-n-1)$ 为自由度的 F 分布。

首先根据样本观测值及回归值计算出统计量 F，于是在给定的显著性水平 α 下，若 $F > F_\alpha(n, m-n-1)$，则拒绝 H_0，判定被解释变量 y 与所有解释变量 $x_1,x_2,\cdots,x_n$ 之间的回归效果显著，即确实存在线性关系；反之，则不显著。

3）变量显著性检验（t检验）

R^2 检验和 F 检验都是将所有的解释变量作为一个整体来检验它们与被解释变量 y 的相关程度以及回归效果，但对于多元回归模型，方程的总体显著性并不意味每个解释变量对被解释变量 y 的影响都是显著的。如果某个解释变量并不显著，则应该从方程中把它剔除，重新建立更为简单的方程。所以必须对每个解释变量进行显著性检验，等价于对每个解释变量检验假设：

H_0：$\theta_j = 0$；

H_1：至少有一个 θ_j 不为零。

其中，$j = 0,1,2,\cdots,n$。

应用数理统计理论可以证明：当 H_0：$\theta_j = 0$ 为真时，统计量 t_j 服从自由度为 $(m-n-1)$ 的 t 分布，即

$$t_j = \frac{\theta_j}{S_{\theta_j}} \sim t(m-n-1), j = 0,1,2,\cdots,k \qquad (5-18)$$

在给定的显著性水平 α 下：

若 $|t_j| > t_{\alpha/2}(m-n-1)$，则拒绝 H_0，说明解释变量 x_j 对被解释变量 y 有显著影响，即 x_j 是影响 y 的主要因素；反之，则接受 H_0，说明解释变量 x_j 对被解

释变量 y 无显著影响,则应删除该因素。当影响 y 的主要因素只有一个变量 x 时,问题变成了一元回归分析,此时 t 检验和 F 检验的作用是一样的,因此可以不用再做 F 检验了。

5.1.3 多元非线性回归简介

多元非线性回归是指回归方程中含有非线性项。多元线性回归的每一项都是线性关系,只要存在一项为非线性项,则称之为多元非线性回归。为了便于对多元非线性回归进行分析,首先介绍常见的一元函数类型,如表 5-1 所示。

表 5-1　常见的一元函数类型

函数名称	函数表达式
一元线性	$y = b_0 + b_1 x$
二次函数	$y = b_0 + b_1 x + b_2 x^2$
三次函数	$y = b_0 + b_1 x + b_2 x^2 + b_3 x^3$
复合函数	$y = b_0 (b_1)^x$
指数函数	$y = e^{(b_0 + b_1 x)}$
对数函数	$y = b_0 + b_1 \ln x$
逆函数	$y = b_0 + b_1 / x$
幂函数	$y = b_0 (x)^{b_1}$
逻辑函数	$y = (1/u + b_0 b_1^x)^{-1}$

针对多元非线性的回归问题,与一元非线性回归类似,一般有以下三种处理方法。

1. 非线性项的线性化

线性化方法是最常用的方法,通过对非线性项的适当变换,将原变量的非线性关系转化为新变量的线性关系,建立起线性回归方程,然后再还原为原变量。线性化方法关键是确定非线性函数的类型,并选择合适的线性化方法,需要一定的知识和经验。线性化方法的优点在于其计算方便,但是其存在误差较大的不足,因为其只能保证变换后的回归方程满足总误差平方和最小,而不能保证还原后的回归方程误差平方和最小。

2. 直接最小二乘法

类似于建立线性回归方程的方法，直接寻求方程中未知参数的最小二乘估计。由于回归方程中含有非线性函数，其正规方程组一般是超越方程，不能用代数方法求解，一般只能通过数值求解，通过迭代计算得出所需参数。直接最小二乘法的优点是计算精度较高，但是这种方法对于非线性回归的计算量太大。

3. 二步法

二步法是将上述两种方法结合的一种方法。先用线性化方法求出曲线方程线性化过程中无须变换的参数的最小二乘估计，再用直接最小二乘法求线性化过程中必须变换的参数的最小二乘估计。

非线性回归方程的评价，不能再用评价线性回归的方法，如 F 检验、相关系数 r 检验。描述非线性回归方程与实测数据间拟合好坏的指标称为相关指数，记为 R。其中 R 越大，表明曲线与实测数据拟合越好，回归方程越具有实用价值。

5.1.4 基于多元回归的威胁评估方法

采用基于多元回归的威胁评估方法进行陆战目标威胁评估，首先需要获得威胁评估矩阵和相应的目标威胁度。威胁评估矩阵可以按照第 2 章的方法计算得到。威胁评估矩阵和相应的威胁度可以作为多元回归模型参数学习的数据集。具体的威胁评估方法如下。

Step 1 确定目标威胁评估矩阵和相应的目标威胁度值，作为多元回归模型的训练数据集。

Step 2 根据数据集数据特点确定回归模型，如多元线性回归模型、多元非线性回归模型等。

Step 3 确定多元回归模型的优化参数。

Step 4 采用解析法或者梯度下降法进行参数学习。

Step 5 对获得的多元回归模型进行统计检验，如果不满足目标，则调整模型，重新训练。

Step 6 根据获得的多元回归模型，计算新目标的威胁度。

5.1.5 实例

战场上有 10 个目标 $T_1 \sim T_{10}$，选择 4 个代表性的威胁属性 $U_1 \sim U_4$，通过专家的评估，已经获得这 10 个目标的威胁度值，如表 5-2 所示。通过分析，各个属性与威胁度之间为线性关系,因此,通过建立多元线性回归模型,对新目标进行威胁度评估。

表 5-2 目标威胁评估数据

目标	U_1	U_2	U_3	U_4	Th
T_1	0.524 0	0.450 2	0.507 4	0.798 1	0.515 3
T_2	0.408 5	0.848 0	0.821 3	0.538 1	0.695 6
T_3	0.535 1	0.163 1	0.432 3	0.492 3	0.397 4
T_4	0.295 2	0.186 6	0.780 7	0.502 1	0.432 2
T_5	0.322 9	0.293 6	0.428 5	0.375 7	0.425 7
T_6	0.954 8	0.701 7	0.557 9	0.557 7	0.687 7
T_7	0.965 8	0.772 0	0.737 9	0.559 7	0.720 0
T_8	0.668 7	0.700 6	0.846 2	0.835 9	0.718 8
T_9	0.266 6	0.533 3	0.356 8	0.815 3	0.484 2
T_{10}	0.403 1	0.615 0	0.950 6	0.679 9	0.617 2

通过 Matlab 软件可以很容易地计算多元线性回归方程的参数。这里介绍一下用到的 Matlab 函数:

[B,BINT,R,RINT,STATS] = regress(Y,X,ALPHA)。

参数解释:

B——回归系数,是个向量,$Y = X \times B$;

BINT——回归系数 B 的区间估计,95%置信度;

R——残差;

RINT——置信区间矩阵;

STATS——检验回归模型的统计量,有 4 个数值:判定系数 R^2、F 统计量观测值,检验的 p 的值,误差方差的估计;

ALPHA——显著性水平(默认值为 0.05)。

通过 Matlab 计算,我们可以获得

B = [0.179 2, 0.150 6, 0.359 2, 0.162 9, 0.026 0];

即多元线性回归方程为

$y = 0.1792 + 0.1506x_1 + 0.3592x_2 + 0.1629x_3 + 0.026x_4$;

模型的残差 R = [−0.008 0, 0.002 5, −0.004 2, 0.001 2, 0.012 8, 0.007 2, −0.016 8, 0.027 6]。

此外，软件能够自动计算出统计量的值 STATS = [0.989 5，117.428 2，0.000 0，0.000 3]，可以看出，建立的多元线性回归模型合理有效。

5.2　基于改进型 RBF 神经网络的目标威胁评估方法

RBF 神经网络是一种典型的神经网络结构。所谓 RBF 神经网络，就是利用一组具有局部隆起和对称功能的径向基函数作为隐含层单元激活函数，构成的一种具有三层结构的前向神经网络。

5.2.1　解决思路

RBF 神经网络具有较好的非线性拟合能力，适合处理许多非线性问题。但是由于目标威胁评估指标存在多样性，而且不同目标的威胁评估指标描述不同，因此在进行威胁评估时需要首先对目标威胁评估的指标进行调整，然后再使用 RBF 神经网络。

5.2.2　RBF 神经网络

径向基函数神经网络是一种包含输入层、隐层、输出层的三层静态前馈网络，具有较强的输入输出映射功能，其多输入单输出的结构如图 5-1 所示。RBF 神经网络输入层完成信号的传递，隐层接收输入层的信号并作出响应，通常以高斯函数为径向基函数，输出层是对隐层径向基函数输出的线性组合。

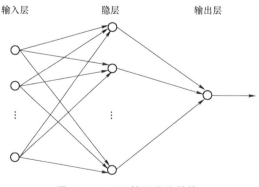

图 5-1　RBF 神经网络结构

RBF 神经网络能以任意精度逼近任意连续函数。利用 RBF 神经网络进行威胁评估需要确定中心向量、中心宽度、输出权重、输出调节系数。本书提出了一种改进型 RBF 神经网络,输入层前增加了指标调节层,可为不同的作战样式相应地进行指标调节,能够克服评估结果与实际威胁程度不一致的情况。其网络结构如图 5-2 所示。

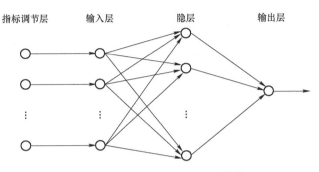

图 5-2　改进型 RBF 神经网络结构

5.2.3　基于 RBF 神经网络的威胁评估方法

1. 确定评估指标及样本

合成分队的目标类型较多、作战环境复杂,根据实际作战情况,需要确定战场的目标类型指标,然后确定目标作战效能指标,且需要战场环境和作战类型指标等。因此选取的评估指标为:目标类型(I^{TYP})、敌我距离(I^{DIS})、机动特性(I^{MOV})、毁伤概率(I^{DES})、通视条件(I^{VIE})、地形条件(I^{EAR}),如表 5-3 所示。

表 5-3　评估指标的确定

评估指标	目标类型	敌我距离	机动特性	毁伤概率	通视条件	地形条件
指标描述	I^{TYP}	I^{DIS}	I^{MOV}	I^{DES}	I^{VIE}	I^{EAR}

利用已知信息和专家知识获得 N 个训练样本集,设 T_i 为第 i 个训练样本,则每个训练样本为 6 个输入:I_i^{TYP}、I_i^{DIS}、I_i^{MOV}、I_i^{DES}、I_i^{VIE}、I_i^{EAR},1 个输出:目标威胁度 y_i。

2. 改进型 RBF 神经网络的训练

与普通 RBF 神经网络应用类似,利用改进型 RBF 神经网络进行目标威胁评估时,需要依据样本组的各威胁评估指标值及对应的威胁度值进行网络训练。

基于改进型 RBF 神经网络的威胁评估模型如图 5-3 所示。

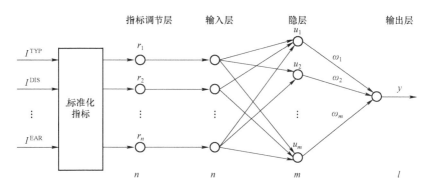

图 5-3 基于改进型 RBF 神经网络的威胁评估模型

1) 指标调节系数的确定

合成分队在不同的作战样式下，目标具有不同功能属性，其威胁程度与其功能指标紧密相关，因此需要确定作战样式对指标的调整系数，从而更好地体现目标的真实威胁度。例如进攻作战中目标的机动性发挥作用相对于防御作战发挥作用更大，因此应当考虑其指标作用。又如对于防御战斗，目标相对固定，所以应当主要考虑目标的类型信息。指标调节向量为 $\boldsymbol{R} = (r_1\ r_2\ r_3\ r_4\ r_5\ r_6)$，$r_i(i=1,2,\cdots,6)$ 为指标调节权重。以目标类型指标为例，对应的指标调节权重取值情况如下：

$$r_1 = \begin{cases} [0.8, 0.95), & \text{进攻战斗} \\ [0.95, 1.05], & \text{遭遇战斗} \\ (1.05, 1.2], & \text{防御战斗} \end{cases}$$

不同作战样式的 r_1 取值区间不同，反映了不同作战样式的特点，更加符合作战实际。类似地，$r_i(i=1,2,\cdots,6)$ 都需要结合不同的作战样式给出不同的取值区间。

2) RBF 神经网络数学模型的确定

由于目标各指标的物理意义、量纲、取值范围都不相同，因此需要对各指标数据标准化处理。对于 N 个训练样本，n 个输入数据，有

$$x_{ij} = \frac{T_{ij} - \overline{T}_j}{\sigma'_j} \tag{5-19}$$

式中，$\overline{T}_j = \dfrac{\sum_{i=1}^{N} T_{ij}}{N}$，$\sigma'_j = \sqrt{\dfrac{\sum_{i=1}^{N} (T_{ij} - \overline{T}_j)^2}{N-1}}$，$i=1,2,\cdots,N$，$j=1,2,\cdots,n$，$T_{ij}$ 为样本原始数据，X_{ij} 为样本标准化后数据，则样本数据 T_i 经过标准化后可表示为

$X_i = (x_{i1}, x_{i2}, \cdots, x_{in})$。样本输出在样本生成阶段已经进行标准化，因此 $\overline{y}_i = T_i^{\mathrm{TAR}}$。

隐层节点的径向基函数选取高斯函数：

$$u_k = \exp\left(-\frac{(x_i r_i - C_k)^{\mathrm{T}}(x_i r_i - C_k)}{2\sigma_k^2}\right), \quad k = 1, 2, \cdots, m \quad (5-20)$$

式中，$C_k = (c_{k1} \ c_{k2} \ \cdots \ c_{kn})$ 为第 k 个隐层节点的中心向量；σ_k 为第 k 个隐层节点的中心宽度。可根据经验公式 $m = 1.5n$，确定隐层维数 m。

输出层节点数 $l = 1$，即目标的威胁度，因此 RBF 神经网络的输出表示为

$$y = \sum_{k=1}^{m} w_k u_k \quad (5-21)$$

式中，w_k 为第 k 个隐层到输出层的权重系数。

3）RBF 神经网络的训练

扩展常数 σ_k 和输出节点连接权值 w_k 是确定 RBF 神经网络的主要参数，RBF 神经网络的训练只需考虑这两个参数，径向基函数的扩展常数可由式（5-22）确定：

$$\sigma = \frac{d_{\max}}{\sqrt{2N}} \quad (5-22)$$

式中，$d_{\max}$ 为样本之间最大距离；N 为样本数量。

输出层的权值调整采用最小均方误差算法，权值调整公式为

$$\Delta w_k = \eta(d_k - w_k u_k) u_k, \quad k = 1, 2, \cdots, N \quad (5-23)$$

5.2.4 RBF 神经网络威胁评估实例仿真

为了验证改进型 RBF 神经网络进行威胁评估的有效性，确定不同作战样式下目标威胁的 60 组样本，以前 50 组作为训练样本，剩下的 10 组作为测试样本。应用改进型 RBF 神经网络进行目标威胁评估，并与传统 RBF 神经网络获得的结果进行对比，结果如表 5-4 所示。

表 5-4 传统 RBF 和改进型 RBF 威胁评估结果对比

目标序号	评估指标						改进型 RBF		传统 RBF	
	I^{TYP}	I^{DIS}	I^{MOV}	I^{DES}	I^{VIE}	I^{EAR}	威胁值	威胁排序	威胁值	威胁排序
1	0.60	0.85	0.75	0.78	0.75	0.75	0.643	6	0.668	6
2	0.60	0.73	1.00	0.82	0.81	0.75	0.694	5	0.672	5
3	0.40	0.93	0.50	0.95	0.87	1.00	0.968	1	0.948	1

续表

目标序号	评估指标						改进型 RBF		传统 RBF	
	I_{TYP}	I_{DIS}	I_{MOV}	I_{DES}	I_{VIE}	I_{EAR}	威胁值	威胁排序	威胁值	威胁排序
4	0.20	0.79	0.25	0.78	0.23	0.25	0.486	9	0.375	10
5	0.40	0.81	1.00	0.46	0.39	0.50	0.585	7	0.549	7
6	0.20	0.56	0.25	0.23	0.41	0.75	0.884	2	0.824	3
7	0.60	0.54	0.75	0.65	0.43	0.75	0.371	10	0.489	9
8	0.60	0.71	0.75	0.73	0.54	0.50	0.547	8	0.524	8
9	0.80	0.36	1.00	0.68	0.87	1.00	0.829	3	0.875	2
10	0.60	0.52	0.75	0.49	0.79	0.75	0.778	4	0.794	4

通过对比改进型 RBF 神经网络与传统 RBF 神经网络的结果，可以发现改进型 RBF 神经网络获得的评估结果与传统 RBF 神经网络的结果大致相同，说明改进方法能够完成相应的威胁评估功能。发生排序改变的是目标 4、6、7、9，而且排序呈现交叉改变，从评估指标中可以发现，作战样式为进攻作战，目标类型、目标机动性对评估结果影响不同，通过指标调节层的作用，使得排序结果发生变化，符合实际进攻作战样式的特点，说明了改进型 RBF 能够充分考虑作战样式对威胁评估指标的影响，获得的评估结果合理有效。

5.3 基于分类的威胁评估方法

基于分类的威胁评估就是将待评估目标按照给定的类型进行划分，满足战场目标威胁评估的等级划分需求。其核心是设计并训练适宜的分类器。

5.3.1 解决思路

目标威胁评估的要点在于威胁度排序，这一需求如同对目标的威胁等级进行划分，因此，可以将威胁评估看成一种特殊的分类问题。通过机器学习中的分类算法，实现目标的威胁评估。将已有的评估矩阵和目标威胁度作为数据集，对分类器进行训练，确定分类器参数，实现对新目标的威胁等级划分。

5.3.2 常见的分类器及原理

本书仅对几种常见的分类器进行介绍，详细的分类器原理可以参考机器学习相关书籍。

1. 决策树分类器

决策树是一种树形结构，其中每个内部节点表示一个属性上的测试，每个分支代表一个测试输出，每个叶节点代表一种类别。决策树是一种十分常用的分类方法。它是一种监督学习，所谓监督学习就是给定一组样本，每个样本都有一组属性和一个类别，这些类别是事先确定的，那么通过学习得到一个分类器，这个分类器能够对新出现的对象给出正确的分类。

1）信息熵

介绍决策树分类器之前，首先介绍信息论中熵的概念。熵度量了事物的不确定性，越不确定的事物，它的熵就越大。具体地，随机变量 X 的熵的表达式如下：

$$H(X) = -\sum_{i=1}^{n} p_i \log p_i \quad (5-24)$$

式中，n 为 X 的 n 种不同的离散取值；p_i 为 X 取值为 i 的概率；log 为以 2 或者 e 为底的对数。

熟悉了一个变量 X 的熵，很容易推广到多个变量的联合熵，这里给出两个变量 X 和 Y 的联合熵表达式：

$$H(X,Y) = -\sum_{i=1}^{n} p(x_i, y_i) \log p(x_i, y_i) \quad (5-25)$$

有了联合熵，又可以得到条件熵的表达式 $H(X|Y)$，条件熵类似于条件概率，它度量了 X 在知道 Y 以后剩下的不确定性。表达式如下：

$$H(X|Y) = -\sum_{i=1}^{n} p(x_i, y_i) \log p(x_i | y_i) = \sum_{j=1}^{n} p(y_j) H(X|y_j) \quad (5-26)$$

$H(X)$ 度量了 X 的不确定性，条件熵 $H(X|Y)$ 度量了在知道 Y 以后 X 剩下的不确定性。那么，从上面的描述大家可以看出，$H(X) - H(X|Y)$ 度量了 X 在知道 Y 以后不确定性减少程度，这个度量我们在信息论中称为互信息，记为 $I(X,Y)$。

几种信息熵概念之间的关系如图 5-4 所示。左边的椭圆代表 $H(X)$，右边的椭圆代表 $H(Y)$，中间重合的部分为互信息或者信息增益 $I(X,Y)$，左边的椭

圆去掉重合部分就是 $H(X|Y)$，右边的椭圆去掉重合部分就是 $H(Y|X)$。两个椭圆的并集就是 $H(X,Y)$。

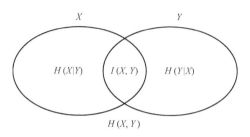

图 5-4 几种信息熵概念之间的关系

2）ID3 算法

ID3 算法的核心是在决策树各级节点上选择属性特征时，用信息增益作为属性的选择标准，使得在每一个非节点进行测试时，能获得关于被测试记录最大的类别信息。ID3 算法理论清晰、方法简单、学习能力较强，但是信息增益的计算比较依赖于特征数目比较多的特征，ID3 为单变量决策树，抗糙性差。除了 ID3 算法构造决策树，较为流行的还有 C4.5 和 CART 算法。

ID3 算法的核心是选择属性特征，其算法流程如图 5-5 所示。

图 5-5 ID3 的算法流程

3）构造决策树的一般过程

收集数据：可以使用任何方法。

准备数据：树构造算法只适用于标称型数据，因此数值型数据必须离散化。

分析数据：可以使用任何方法，构造树完成之后，我们应该检查图形是否符合预期。

训练算法：构造树的数据结构。

测试算法：使用经验树计算错误率。

使用算法：此步骤可以适用于任何监督学习算法，而使用决策树可以更好地理解数据的内在含义。

4）决策树的优缺点

优点：计算复杂度不高，输出结果易于理解，对中间值的缺失不敏感，可以处理不相关特征数据。

缺点：可能会产生过度匹配问题。

当特征和特征值过多时，会造成匹配选项过多，我们将这种问题称为过拟合（overfitting）。为了减少过度匹配问题，可以裁剪决策树，去掉一些不必要的叶子节点。具体方法是，当叶子节点只能增加少许信息，则删除该节点，或将它并入其他叶子节点中去。

另外，决策树无法直接处理数值型数据。虽然可以将数值型数据划分区间转化为标称型数据，但如果数值型特征很多，处理起来还是比较烦琐的。

2. 最近邻分类器

最近邻分类器（KNN）的基本思路是计算测试样本与所有样本的距离，将测试样本归为距离最近的样本类。K 最近邻分类器的基本思路是计算测试样本与 K 个最近样本的距离，将测试样本归为 K 个样本中相同类别个数较多的一类。

可以根据上述的定义看出，构建最近邻分类器，其核心在于距离的度量。下面给出几种距离的度量方法。设样本为 $\boldsymbol{X}=(x_1,x_2,\cdots,x_m)$，其中 $\boldsymbol{x}_i=(x_{ij})_{1\times n}$。

欧式距离：$d(\boldsymbol{x}_i,\boldsymbol{x}_k)=\left(\sum_{j=1}^{n}\left|x_{ij}-x_{kj}\right|^2\right)^{\frac{1}{2}}$

曼哈顿距离：$d(\boldsymbol{x}_i,\boldsymbol{x}_k)=\sum_{j=1}^{n}\left|x_{ij}-x_{kj}\right|$

明考斯基距离：$d(\boldsymbol{x}_i,\boldsymbol{x}_k)=\left(\sum_{j=1}^{n}\left|x_{ij}-x_{kj}\right|^q\right)^{\frac{1}{q}}$

K 最近邻分类器的算法步骤如下：

Step 1 确定训练集 D 和最近邻数目 K，K 值越小，整体模型越复杂，容易发生过拟合；K 值越大，整体模型越简单，近似误差会增大（误分类）。

Step 2 计算每个测试样本与训练集中个体的距离 d。

Step 3 判定测试样本的类别。

（1）多数表决：

$$y'=\arg\max_{v}\sum_{(x_i,y_i)\in D_z}I(v=y_i) \qquad (5-27)$$

式中，v 为类标号；y_i 为一个最近邻的类标号；$I(\cdot)$ 为指示函数，如果其参数为真，则返回 1，否则，返回 0。

（2）距离加权表决：

$$y'=\arg\max_{v}\sum_{(x_i,y_i)\in D_z}w_i\times I(v=y_i) \qquad (5-28)$$

$$w_i = \frac{1}{d(x_i, x_k)^2} \quad (5-29)$$

式中，w_i 为与相应训练集中最近邻个体 x_k 距离平方的倒数。

最近邻分类器的优点：不需要为训练集建立模型。最近邻分类器可以生成任何形状的决策边界。最近邻分类器的缺点：容易受到噪声的影响，往往需要对训练集进行预处理才能使用，每一次分类耗时长。

3. 朴素贝叶斯分类器

贝叶斯分类器是一类分类算法的总称，这类算法均以贝叶斯定理为基础，故统称为贝叶斯分类器。而朴素贝叶斯分类器是贝叶斯分类器中最简单，也是常见的一种分类方法。朴素贝叶斯算法是假设各个特征之间相互独立。

要了解贝叶斯分类器，必须了解贝叶斯定理，贝叶斯定理离不开条件概率。条件概率定义：事件 A 在另外一个事件 B 已经发生条件下的发生概率。条件概率表示为 $P(A|B)$，读作"在 B 条件下 A 发生的概率"：

$$P(A|B) = P(A \cap B)/P(B) \quad (5-30)$$

贝叶斯定理可以描述如下：

$$P(B|A) = \frac{P(A|B)P(B)}{P(A)} \quad (5-31)$$

朴素贝叶斯分类算法如下。

（1）$\boldsymbol{X} = (x_1, x_2, \cdots, x_D)$ 表示含有 D 维属性的数据对象。训练集 S 含有 K 个类别，表示为 $\boldsymbol{Y} = (y_1, y_2, \cdots, y_K)$。

（2）已知待分类数据对象 $\boldsymbol{X}$，预测 $\boldsymbol{X}$ 所属类别，计算方式如下：

$$y_k = \underset{y_k \in Y}{\arg\max}\left(P(y_k|\boldsymbol{X})\right) \quad (5-32)$$

式中，y_k 为 $\boldsymbol{X}$ 所属类别。式（5-32）表示，已知待分类数据对象 $\boldsymbol{X}$ 的情况下，分别计算 $\boldsymbol{X}$ 属于 $y_1, y_2, \cdots, y_K$ 的概率，选取其中概率的最大值，此时所对应的 y_k，即为 $\boldsymbol{X}$ 所属类别。

（3）根据贝叶斯定理，$P(y_k|\boldsymbol{X})$ 计算方式如下：

$$P(y_k|\boldsymbol{X}) = \frac{P(\boldsymbol{X}|y_k)P(y_k)}{P(\boldsymbol{X})} \quad (5-33)$$

计算过程中，$P(\boldsymbol{X})$ 对于 $P(y_k|\boldsymbol{X})$，相当于常数。因此，若想得到 $P(y_k|\boldsymbol{X})$ 最大值，只需计算 $P(\boldsymbol{X}|y_k)P(y_k)$ 最大值。如果类别的先验概率未知，即 $P(y_k$

未知,则通常假定这些类别是等概率的,即 $P(y_1) = P(y_2) = \cdots = P(y_k)$。

(4)假设数据对象 $\boldsymbol{X}$ 的各属性之间相互独立,$P(\boldsymbol{X}|y_k)$ 计算方式如下:

$$P(\boldsymbol{X}|y_k) = \prod_{d=1}^{D} P(x_d|y_k) = P(x_1|y_k)P(x_2|y_k)\cdots P(x_D|y_k) \quad (5-34)$$

(5)$P(x_d|y_k)$ 的计算方式如下。

如果属性 d 是离散属性或分类属性。训练集中属于类别 y_k 的数据对象,在属性 d 下的相异属性值共有 n 个;训练集中属于类别 y_k,且在属性 d 下的属性值为 x_d 的数据对象共有 m 个。因此,$P(x_d|y_k)$ 计算方式如下:

$$P(x_d|y_k) = \frac{m}{n} \quad (5-35)$$

如果属性 d 是连续属性。通常假设连续属性均服从均值为 μ、标准差为 σ 的高斯分布,即

$$G(x,\mu,\sigma) = \frac{1}{\sqrt{2\pi}\sigma} e^{-\frac{(x-\mu)^2}{2\sigma^2}} \quad (5-36)$$

因此,$P(x_d|y_k)$ 计算方式如下:

$$P(x_d|y_k) = G(x_d, \mu_{y_k}, \sigma_{y_k}) \quad (5-37)$$

式中,μ_{y_k}、σ_{y_k} 为训练集中属于类别 y_k 的数据对象在属性 x_d 下的均值和标准差。

朴素贝叶斯分类器的优缺点。优点:①算法逻辑简单,易于实现;②分类过程中时空开销小。缺点:理论上,朴素贝叶斯模型与其他分类方法相比具有最小的误差率。但是实际上并非总是如此,这是因为朴素贝叶斯模型假设属性之间相互独立,这个假设在实际应用中往往是不成立的,在属性个数比较多或者属性之间相关性较大时,分类效果不好。

4. 其他分类器

机器学习中常见的还有支持向量机(SVM)、基于规则的分类器以及神经网络中常用的 softmax 分类器等。对于目标威胁评估,分类器只是一种工具,这里不再赘述,感兴趣的可以参考相应的书籍进一步学习。

5.3.3 评估方法

基于分类器的目标威胁评估主要是解决一类威胁等级划分的评估问题,而且有相应的样本可以进行分类器的训练。针对这类分类问题,核心就在于对现有数据的学习,以尽量满足新的目标威胁评估需求。基于分类器的目标威胁评估方法的主要步骤如下。

Step 1 确定威胁评估需求，并选择相应的威胁评估指标。

Step 2 获取数据样本，并根据第 2 章的方法对威胁评估数据进行处理，建立威胁评估矩阵。

Step 3 根据威胁等级划分及威胁评估需求，选择适宜的分类器。

Step 4 根据样本数据对分类器进行训练。

Step 5 验证分类器的效果，如果不满足需求则返回 Step3。

Step 6 利用训练好的分类器对新的目标进行威胁评估。

5.3.4 基于分类的威胁评估实例

例 5-1 战场上有 10 个目标 $T_1 \sim T_{10}$，选择 4 个代表性的威胁属性 $U_1 \sim U_4$，现已知这些目标的威胁等级。目标威胁等级分为三级：1——重要威胁，2——较重要威胁，3——普通威胁。威胁评估数据如表 5-5 所示。

表 5-5 威胁评估数据

目标	U_1	U_2	U_3	U_4	威胁等级
T_1	0.9	0.8	0.7	0.9	1
T_2	0.7	0.5	0.6	0.5	2
T_3	0.3	0.6	0.2	0.3	3
T_4	0.4	0.8	0.4	0.6	2
T_5	0.3	0.6	0.2	0.4	3
T_6	0.4	0.3	0.4	0.1	3
T_7	0.7	0.9	0.9	0.8	1
T_8	0.8	0.7	0.8	0.9	1
T_9	0.5	0.7	0.8	0.6	2
T_{10}	0.4	0.5	0.7	0.7	2

针对出现的 3 个新目标 $X_1 = [0.3, 0.2, 0.5, 0.4]$，$X_2 = [0.9, 0.9, 0.6, 0.8]$，$X_3 = [0.4, 0.5, 0.5, 0.8]$。采用 K 最近邻分类器，选择 $K = 4$；计算每个目标属于哪一类。

以 X_1 为例，首先计算其与每个样本之间的距离，这里采用欧式距离：

$d = [1.01, 0.27, 0.26, 0.42, 0.25, 0.12, 0.97, 0.84, 0.42, 0.23]$

然后对距离进行排序，选择距离最小的 K 个邻居：

$$\text{Ind} = [6, 10, 5, 3]$$

计算 K 个邻居中类型最多的一类：

$$\text{Label} = [3, 2, 3, 3]$$

可以看出，新目标 X_1 的类别为 3——普通威胁。

同理，可以计算出 X_2 的类别为 1——重要威胁，X_3 的类别为 2——较重要威胁。

第 6 章

面向集群目标的威胁评估方法

前述的目标威胁评估方法通常只适用于目标个体数量较少的情况，随着目标数量的增多，其评估与排序能力会逐渐降低。在大规模作战对抗过程中，为便于指挥和作战协同，以最大限度地发挥整体作战效能，合成部队作战时也多以集群（如营、连规模）的方式进行兵力部署和组织战斗。因此，对集群目标威胁度评估，一方面，有利于降低大规模目标威胁评估与排序的难度；另一方面，可以估计集群目标作战能力、威胁程度、识别敌作战企图与主攻方向，为指挥员进行兵力部署和火力优化分配提供决策依据，提高火力协同方案的科学性。为此，本章将介绍几种集群目标威胁评估方法。

6.1 集群目标的分组方法

所谓集群目标就是按照某种规则将多个单目标作为一个作战对象来看待的集合体。多目标的分组规则，既可以是按分布的战场地理区域划分，也可以是按力量编成划分，还可以是按某区域内同类多个目标集合或者按决策者按战场态势推定的敌作战企图与力量编成划分，等等。从实施途径看，多目标分组方法分为两类：其一是根据指挥员的判断进行主观划分，其二是由计算机按照某种算法（规则）进行聚类的方法划分。

6.1.1 基于作战策略的指挥员主观分组方法

战场指挥员根据作战任务和敌、我、友的作战力量，结合战场态势图和对敌作战企图的判断，按战场区域分布或按力量编成等，将大规模的敌方目标分成若干较小规模的集群目标。由于这类分组方法主观性强，无统一规律可循，在此不再讨论。

6.1.2 基于算法规则的多目标分组方法

目前，用计算机进行分类或分组的方法很多，具有代表性的方法如 K-均值聚类、模糊聚类等。现实中分组或分类时具体使用哪种方法，通常由分组的目的和分组对象的特性决定。根据战场目标的诸多不确定性，这里，我们选择模糊 C 均值（FCM）聚类算法对战场目标进行分组。

1. 战 573A 目标的 FCM 聚类算法

模糊 C 均值聚类算法是一种对具有模糊特征数据进行聚类分组的数学方法，通过对被分组对象隶属度函数求解，得到每个对象相对于各分组中心的隶属度，再根据隶属度对待分组对象进行归类。

针对战场目标聚类的问题，可通过 FCM 聚类算法将性质相近的目标划分为一类。在具体的聚类过程中，根据武器目标的相对距离、打击范围、作战意图等属性指标进行目标聚类。设含有 n 个目标的集合 $T=\{T_1,T_2,\cdots,T_n\}$，将目标划分到 c 个分组中，每个目标 T_j 隶属第 k 个分组的隶属度为 u_{jk}，则得出的结果可构成一个隶属度矩阵 $U=(u_{jk})_{n\times c}$。

定义 6-1 矩阵 $U=(u_{jk})_{n\times c}$ 是模糊 C 划分，则 U 需满足如下条件。

（1）对任意的 j、k，$u_{jk}\in[0,1]$。

（2）对任意的 j，$\sum_{k=1}^{c}u_{jk}=1$。

（3）对任意的 j，$0<\sum_{j=1}^{n}u_{jk}<n$。

假设目标集合中的每个目标为 p 维属性向量，即 $\boldsymbol{T}_j=(T_{j1},T_{j2},\cdots,T_{jp})$，将目标划分为 c 个分组，第 k 个分组中心也是一个 p 维向量，即 $\boldsymbol{v}_k=(v_{k1},v_{k2},\cdots,v_{kp})$；在 FCM 聚类算法的求解中，将 n 个具有 p 维属性指标的目标划分到 c 个分组中的划分方式所构成的集合为

$$M=\left\{U\in R_{cn}\left|\mathop{\forall}_{\substack{1\le j\le n\\1\le k\le c}}u_{jk}\in[0,1],\sum_{j=1}^{n}u_{jk}=1,0<\sum_{j=1}^{n}u_{jk}<n\right.\right\} \quad (6-1)$$

式中，R_{cn} 为所有实 $c\times n$ 矩阵形成的空间。FCM 聚类算法的目标函数为

$$J_m(U,V)=\sum_{j=1}^{n}\sum_{k=1}^{c}(u_{jk})^f d_{jk}^2 \quad (6-2)$$

式中，$U\in M$，$V\in R_{cn}$，$f\in[1,\infty)$ 为权指数，决定着各个数据对象在各分组之间的相似度；d_{jk} 为对象 $\boldsymbol{T}_j$ 与第 k 个分组的中心 $\boldsymbol{v}_k$ 的距离为

$$d_{jk}^2=\left\|\boldsymbol{T}_j-\boldsymbol{v}_k\right\|^2 \quad (6-3)$$

2. 战场目标的 FCM 聚类算法流程

聚类问题的本质就是求满足目标函数的最小解。FCM 聚类算法通过对

目标函数的迭代优化来取得模糊分类,其算法流程如图 6-1 所示,具体实现步骤如下。

Step 1 确定 $c(1<c<n)$,$m\in[1,\infty)$,任意初始化 $V^{(0)}\in R_{cn}$,令迭代次数 $t=0$。

Step 2 对所有的 $k(1\leqslant k\leqslant c)$、$j(1\leqslant j\leqslant n)$,按如下方式更新 $U^{(t)}$ 到 $U^{(t+1)}$:

$$u_{jk}=\left[\sum_{r=1}^{c}\frac{\left(\|T_j-v_k\|^2\right)^{\frac{1}{f-1}}}{\left(\|T_j-v_r\|^2\right)^{\frac{1}{f-1}}}\right]^{-1} \quad (6-4)$$

Step 3 根据 $U^{(t+1)}$ 按式(6-5)更新第 $(t+1)$ 次迭代的中心 $V^{(t+1)}$:

$$v_k=\frac{\sum_{j=1}^{n}(u_{jk})^f x_{jk}}{\sum_{j=1}^{n}(u_{jk})^f} \quad (6-5)$$

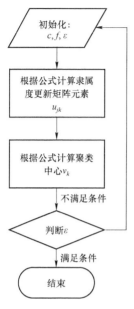

图 6-1 聚类算法流程

Step 4 比较 $V^{(t)}$ 和 $V^{(t+1)}$,若 $\|V^{(t)}-V^{(t+1)}\|\leqslant\varepsilon$,则算法终止;否则令 $t=t+1$,转至 Step 2。式中,ε 为预先设定的正数作为阈值,参数 f 决定分组的模糊程度,f 越大则分组界限越不明显,通常取 $f=2$。

6.1.3 集群目标分组实例

假设战场环境中有 20 个不同类型的目标。对不同的阈值 ε 进行 FCM 聚类处理,得到目标分组信息。聚类所依据的属性指标为目标位置信息、目标打击范围 I_1、毁伤概率 I_2、目标的武器弹药水平 I_3 等,具体信息如表 6-1 所示。

表 6-1 聚类信息列表

序号	属性信息				聚类结果			
	位置	I_1	I_2	I_3	$\varepsilon=0.3$	$\varepsilon=0.5$	$\varepsilon=0.7$	$\varepsilon=0.9$
1	(40,35)	60	0.076 6	0.164 1	1(0.3)	1(0.5)	1(0.7)	1(0.9)
2	(40,36)	60	0.366 1	0.305 7	2(0.3)	2(0.5)	2(0.7)	2(0.9)
3	(40,37)	60	0.780 5	0.266 5	1(0.3)	1(0.5)	1(0.7)	1(0.9)
4	(40,38)	70	0.699 2	0.179 3	2(0.3)	2(0.5)	3(0.7)	2(0.9)
5	(40,39)	70	0.442 2	0.617 3	5(0.3)	3(0.5)	4(0.7)	3(0.9)

续表

序号	属性信息				聚类结果			
	位置	l_1	l_2	l_3	$\varepsilon=0.3$	$\varepsilon=0.5$	$\varepsilon=0.7$	$\varepsilon=0.9$
6	(40, 40)	70	0.567 3	0.389 5	3 (0.3)	4 (0.5)	5 (0.7)	4 (0.9)
7	(40, 41)	70	0.121 2	0.961 5	3 (0.3)	5 (0.5)	6 (0.7)	5 (0.9)
8	(40, 42)	80	0.482 1	0.512 5	2 (0.3)	2 (0.5)	7 (0.7)	6 (0.9)
9	(40, 43)	80	0.307 6	0.670 8	2 (0.3)	6 (0.5)	8 (0.7)	7 (0.9)
10	(40, 44)	80	0.762 8	0.847 4	5 (0.3)	3 (0.5)	4 (0.7)	8 (0.9)
11	(20, 20)	60	0.669 9	0.587 6	3 (0.3)	4 (0.5)	9 (0.7)	9 (0.9)
12	(20, 21)	60	0.500 3	0.735 8	3 (0.3)	5 (0.5)	5 (0.7)	10 (0.9)
13	(20, 22)	80	0.847 2	0.507 3	4 (0.3)	7 (0.5)	10 (0.7)	11 (0.9)
14	(20, 23)	80	0.410 3	0.973 4	4 (0.3)	8 (0.5)	11 (0.7)	12 (0.9)
15	(20, 24)	90	0.342 4	0.548 5	1 (0.3)	8 (0.5)	11 (0.7)	13 (0.9)
16	(20, 25)	90	0.656 8	0.485 7	4 (0.3)	7 (0.5)	10 (0.7)	14 (0.9)
17	(20, 26)	80	0.595 4	0.761 6	4 (0.3)	2 (0.5)	2 (0.7)	2 (0.9)
18	(20, 27)	80	0.710 4	0.189 7	1 (0.3)	1 (0.5)	7 (0.7)	15 (0.9)
19	(20, 28)	60	0.682 8	0.597 5	1 (0.3)	6 (0.5)	10 (0.7)	16 (0.9)
20	(20, 29)	60	0.898 3	0.528 9	9 (0.3)	12 (0.5)	12 (0.7)	17 (0.9)

在实验过程中,设置 4 组不同的阈值,经过 10 次迭代,得到相应的聚类分组结果。第一组的分类比较明显,根据地理位置信息可知,在中间位置的目标分组情况较为集中;相比较而言,第四组的分配最为均匀。可见当阈值较大时,分类效果也就变得不明显了。第四组的每个分组所获得的成员数目非常少,所得到的分组数目已和单目标的数目相差无几。对于 4 种聚类情况的具体分析,如表 6-2 至表 6-5 所示。

表 6-2　$\varepsilon=0.3$ 时聚类情况

聚类分组	具体组内目标					
分组 1	2	4	8	9		
分组 2	1	3	15	18	19	20
分组 3	6	7	11	12		
分组 4	13	14	16	17		
分组 5	5	10				

表 6-3　$\varepsilon=0.5$ 时聚类情况

聚类分组	具体组内目标			
分组 1	1	16		
分组 2	14	15		
分组 3	7	12		
分组 4	2	4	8	17
分组 5	20			
分组 6	5	10		
分组 7	6	11		
分组 8	9	19		
分组 9	1	3	18	

表 6-4　$\varepsilon=0.7$ 时聚类情况

聚类分组	具体组内目标			聚类分组	具体组内目标	
分组 1	7	12		分组 7	9	
分组 2	13	16	19	分组 8	5	10
分组 3	11			分组 9	1	3
分组 4	14	15		分组 10	2	17
分组 5	8	18		分组 11	6	
分组 6	4			分组 12	20	

表 6-5　$\varepsilon=0.9$ 时聚类情况

聚类分组	具体组内目标			聚类分组	具体组内目标	
分组 1	9			分组 10	12	
分组 2	14			分组 11	10	
分组 3	15			分组 12	11	
分组 4	8			分组 13	1	3
分组 5	6			分组 14	16	
分组 6	5			分组 15	19	
分组 7	20			分组 16	13	
分组 8	2	4	17	分组 17	7	
分组 9	18					

6.2 大规模目标的层次评估结构

在复杂作战环境中，多目标威胁评估需要对多种战场目标及其属性指标进行实时处理，而传统的集中式威胁评估时间代价较大，且缺乏对于集群目标的威胁评估处理。综合上述情况，我们将利用层次分析的方法进行目标威胁度的研究分析。首先，对全局性的战场态势进行综合评估分析，从目标数量、战场位置、作战企图等宏观的角度获得战场集群目标的威胁评估结果。其次，对具体目标的威胁属性及战场环境因素的分析，从目标类型、机动能力、毁伤能力等方面进行分布式目标威胁评估，获得单目标的威胁评估信息。

陆战分队的协同作战需要根据上级的作战意图和具体的战场环境来进行。采用基于上下两级的层次评估，能够兼顾协同作战过程中的集群目标与单目标威胁评估结果，获得更加科学、合理的决策分配方案。综合以上研究分析，可建立基于层次分析的目标威胁评估结构，如图 6-2 所示。

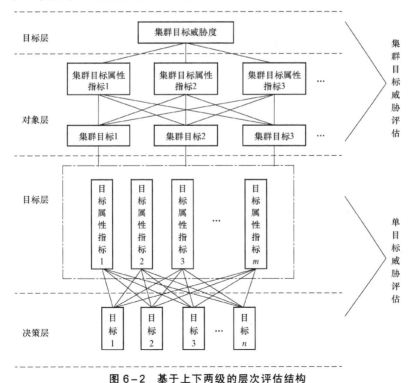

图 6-2 基于上下两级的层次评估结构

采用层次分析的思想，能够利用不同的评估层级，对获取的战场信息进行逐级约束处理，并获得最终的评估结果。由多级评估共同构成的层次分析评估方法，与传统的指挥控制模式下的威胁评估的区别在于以下几点。

（1）传统的作战指挥模式，是一种集中式的上下级指挥模式。下级武器平台只能根据上级指挥中心的指挥命令进行决策，而下级武器平台的评估决策只能在较低的水平进行，更多情况是在收到上级的决策信息后，再进行兵力的部署，在协同过程中难以实现分布式的协同配合。

（2）层次分析法既有对整体的评估，也有对于局部战场或单目标的评估，基于层次分析的评估方法使得整体和局部都能够得到优化。

（3）基于层次分析的目标威胁评估方法能够更加灵活地适应战场变化。基于陆战分队的协同作战，具有协同指挥中心的动态流转性。特殊情况下，作战分队可适时地更替决策中心，并在更替决策中心后，依然能够进行协同指挥，迅速应对战场态势的变化。

关于多个单目标的威胁评估与排序，前面已有较多的阐述，这里我们将重点探讨集群目标的威胁评估方法，对集群目标整体威胁度进行评估。

6.3 集群目标威胁评估指标体系

评估指标的选取需满足完整性、独立性、易操作等原则。集群目标的威胁评估不仅与单个目标的作战效能有关，也与多个目标之间的有效配合有密切关系，因此，集群目标指标体系的确定更加困难。本章所研究的集群目标威胁评估，更多情况是针对其攻击效能，即敌方的集群目标能够对我方产生多大的威胁。因此，可以选取集群目标的威胁评估指标体系如下。

1. 集群目标类型

集群目标一般是多个目标单元组成的战斗集群，在战场上能够协调统一，形成更为强大的集群火力。因而集群目标的类型直接决定着集群目标的战斗力强弱，一般认为装甲类集群目标的作战效能要强于单兵类的集群目标；多种装备合成的集群目标，其作战效能要强于单一种类的集群目标。

2. 目标数量

集群目标的目标数量也决定着集群目标的作战能力。在武器类型没有较大差距的情况下，一般认为目标数量较多的作战集群，其作战效能要强于目标数量相对较少的作战集群。

3. 武器特性

武器特性作为战斗力性能的直接体现，极大地影响着集群目标的作战能力。机动性能越强、命中概率越高的目标，所形成集群目标的战斗力就越强。

4. 综合作战影响程度

综合作战影响程度，是通过对战场目标的多种作战能力及具体战场态势的研究，所得出的集群目标综合评估指标，是一种综合能力的体现。

5. 指挥控制能力

指挥控制能力体现了其战场决策的执行力。对于集群目标来说，指挥控制能力决定了集群内各单武器平台能否有效地协同，实施统一的作战部署。

6. 地理位置的优劣

地理位置的优劣也能在很大程度上影响着集群目标的作战效能。占据较大优势战场位置的一方不仅能够节约兵力，也能够使得战场火力得以充分地发挥。地理位置的优势能够在兵力部署、战斗力的发挥上产生积极的影响。

7. 兵力部署合理性

兵力部署得合理与否决定着能否掌握战场上的主动权，兵力部署得合理、科学就能够在作战态势上对敌方进行压制，可取得作战的先机，获得作战的优势。

综上所述，集群目标的多种威胁评估指标都会对其威胁度产生影响，通过研究分析，可形成如图6-3所示的集群目标威胁评估属性指标体系。

由于集群目标的作战效能与多种战场因素有关，其评估过程需要考虑多种战场目标的综合影响。因此在不同情况下，所建立的集群目标威胁评估指标体系会有所不同，但其评估结果应该基本一致。下面两节我们将以不同的指标体系分别用两种评估方法探讨集群目标的威胁度评估。

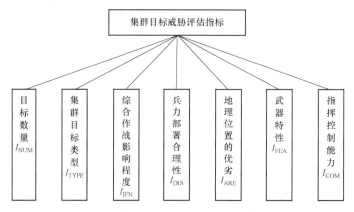

图6-3 集群目标威胁评估属性指标体系

6.4 基于战场价值的集群目标威胁评估方法

6.4.1 集群目标威胁评估结构

集群目标威胁评估算法是基于层次决策框架，以上级的指挥决策单元为中心，对各个目标集群进行的威胁评估。为此，我们采用层次分析的方法对集群目标威胁评估进行探究，其评估结构如图6-4所示。

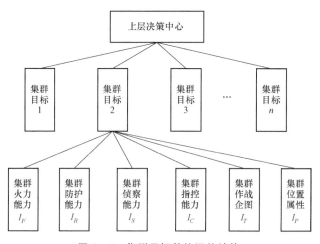

图6-4 集群目标整体评估结构

6.4.2 集群目标整体评估方法

集群目标整体评估包括目标集群威胁评估和战场价值评估，获得集群整体的威胁度信息或战场价值信息，可为我方上层指挥员进行兵力部署提供量化依据。整体威胁评估是通过单个目标的威胁评估信息，结合战场的态势共享信息，对集群目标的企图和能力进行评估。价值评估是对目标的作战价值进行评估，战场价值相对于威胁概念更广，针对集群目标评估更加有效，因此可根据集群目标战场价值对兵力进行预先分配。由于评估方法相似，这里选用集群目标价值评估进行介绍。

1. 集群目标战场价值评估模型

陆战分队作战是集群式作战，整体的作战价值不仅与单个武器平台性能有关，而且与武器平台之间的指挥控制、协同、配合、保障等密切相关。本小节的集群目标战场综合价值指的是打击价值，即我方可在多大程度上消灭敌作战力量，它与敌集群中武器目标的数量、类型、作战效能以及我方对其打击概率有关。评估指标需要符合完整性、独立性、层次性、可处理性的原则进行选取。因此，集群目标战场价值的综合估计从单武器平台效能评估、综合价值系数估计和我方的打击程度估计三个方面进行。估计主要考虑以下几点影响因素：集群目标中包含的武器类型、武器数量、武器的作战效能；对其他武器的影响程度与数量；集群目标的战场分布，我方对其打击概率与效果等。集群目标价值指标构成如图6-5所示。

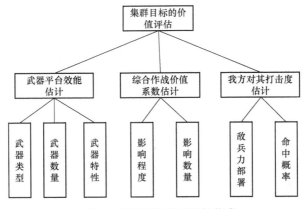

图6-5 集群目标价值指标构成

一般敌方的武器平台作战能力越强、数量越多，价值越大；我方对其毁伤概率越大，价值越大。对于我方无法打击的目标，其相对作战价值就小。对于敌方的第 i 个集群目标中第 k 种类型的目标，其战场价值为

$$V_{ik} = M_{ik} C_{ik} \left[1 - (1 - P_{ik})^{m_{ik}}\right] \quad (6-6)$$

第 i 个集群目标的战场综合价值为

$$V_i = \sum_{k=1}^{N_i} \eta_{ik} M_{ik} C_{ik} \left[1 - (1 - P_{ik})^{m_{ik}}\right] \quad (6-7)$$

式中，η_{ik} 为第 i 个集群目标中第 k 种类型目标综合价值系数；M_{ik} 为第 i 个集群目标中第 k 种类型目标数量；N_i 为第 i 个集群目标类型数量；C_{ik} 为第 i 个集群目标中第 k 种类型目标的作战效能；P_{ik} 为我方对第 i 个集群目标中第 k 种类型目标的毁伤概率；m_{ik} 为第 i 个集群目标中第 k 种类型目标受到的平均攻击量。

2. 第 i 个集群目标中第 k 种类型目标综合价值系数 η_{ik} 的确定

集群目标的战场价值反映了目标在战场上的重要程度，对于部分装备，如指挥车、通信车，虽然作战直接打击效能较低，却为其他装备的打击效能的发挥起至关重要的作用。为了方便对集群目标的价值进行比较，需要通过综合价值系数 η_{ik} 对其战场价值进行调整，它表示第 i 个集群目标中第 k 种类型的目标在作战中对其他装备发挥作用的影响大小：

$$\eta_{ik} = \sum_{j=1}^{F_{ik}} w_j^{ik} \frac{V_j^{ik}}{V_{ik}} \quad (6-8)$$

式中，w_j^{ik} 为第 i 个集群目标中第 k 种类型目标所影响的装备对其依赖程度大小；F_{ik} 为第 i 个集群目标中第 k 种类型目标影响的数量；V_{ik} 为该类型目标的战场价值；V_j^{ik} 为该类型目标所影响的第 j 个装备的战场价值。依赖于该种目标的装备战场价值越大、数量越多、依赖程度越高，其综合价值系数越大。在实际运用中，可以根据装备的属性、任务、地位，以及其发挥的作用由专家给出，也可以通过训练和演习中的实际数据获得。不同依赖程度对应的区间值如表 6-6 所示。

表 6-6 不同依赖程度对应的区间值

依赖程度	很大	较大	一般	较小	很小
w_j	(0.8, 1]	(0.6, 0.8]	(0.4, 0.6]	(0.2, 0.4]	[0, 0.2]

3. 第 i 个集群目标中第 k 种类型目标的作战效能 C_{ik}

科学评估装甲装备的战场实际作战效能是评估装备战场价值的基础。在效

能评估的计算过程中,确定指标的权重至关重要。在计算指标权重的方法中,只采用主观赋权或者客观赋权方法都存在一定的局限性,为了使评估结果既体现评估专家对指标的偏好信息,同时体现客观指标信息,这里采用组合赋权方法获取指标权重。

1) 组合权重的求取方法

对于集群目标中不同的装备,设目标集为 $S=\{s_1,s_2,\cdots,s_n\}$,指标集 $F=\{f_1,f_2,\cdots,f_m\}$,权重向量 $\boldsymbol{W}=(w_1,w_2,\cdots,w_m)^{\mathrm{T}}$,目标 s_i 关于 f_j 的指标值为 x_{ij},则指标值矩阵为 $\boldsymbol{X}_{n\times m}$,$i\in N,j\in M$,其中,$N=\{1,2,\cdots,n\}$,$M=\{1,2,\cdots,m\}$。对指标 $\boldsymbol{X}_{n\times m}$ 进行规范化处理后变为 $\boldsymbol{Z}=(z_{ij})_{n\times m}$。设决策者共有 q 种主观和客观赋权方法,其中主观方法 p 种。不同方法确定的权重指标 $\boldsymbol{u}_k=(u_{k1},u_{k2},\cdots,u_{km})$,$k=1,2,\cdots,q$,其中,$\sum_{j=1}^{m}u_{kj}=1,u_{kj}\geqslant 0(j\in M)$。设集成后的指标权重表示为 $\boldsymbol{w}=(w_1,w_2,\cdots,w_m)^{\mathrm{T}}$,各目标的综合评价值为 $y_i=\sum_{j=1}^{m}w_jz_{ij},i\in N$,利用最小二乘原理求组合赋权的权值:$d_i^k=\sum_{j=1}^{m}[(w_j-u_{kj})z_{ij}]^2$,$i=1,2,\cdots,q$。

构造目标函数:

$$\min\ \mu\sum_{k=1}^{p}\alpha_k\left(\sum_{i=1}^{n}d_i^k\right)+(1-\mu)\sum_{k=p+1}^{q}\alpha_k\left(\sum_{i=1}^{n}d_i^k\right) \quad (6-9)$$
$$\mathrm{s.t.}\ \sum_{i=1}^{m}w_i=1,w_i\geqslant 0,i\in M$$

式中,μ 为偏好因子 $\mu\in[0\ 1]$;$\alpha_k(k=1,2,\cdots,p)$、$\alpha_k(k=p+1,p+2,\cdots,q)$ 分别为主观赋权方法和客观赋权方法的权系数,由专家根据各种方法的重要程度确定。

求解目标函数可得组合权重:

$$w_i=\left(\mu\sum_{k=1}^{p}a_ku_{ki}+(1-\mu)\sum_{k=p+1}^{q}a_ku_{ki}\right),\ i=1,2,\cdots,m \quad (6-10)$$

2) 单装备作战效能的计算

由式(6-10)求得单个装备的作战效能为

$$C_{ik}=\sum_{j=1}^{m}w_jz_{ik}(j),i\in N \quad (6-11)$$

式中,$z_{ik}(j)$ 为第 i 个集群目标的第 k 种类型装备的第 j 项指标的规范化值。

4. 第 i 个集群目标中第 k 种类型目标被毁伤概率 P_{ik}

确定集群目标被毁伤概率是对集群目标战场价值评估的重要方面。集群目标的打击概率与单个打击不同，在集群目标价值评估时无法确定具体的目标分配，因此，可以通过我方适合进行打击的武器的平均毁伤概率来估计。陆战分队作战都会依据一定的战术规则进行作战兵力划分，如主攻方向、助攻方向；一梯队、二梯队、支援分队、穿插分队、保障分队等。这里，定义集群目标的集群特征距离：第 i 个集群中所有目标到中心的平均距离。通过特征距离来描述集群的队形对打击概率的影响。对于第 i 个集群目标，特征距离为

$$d_i = \frac{\sum_{j=1}^{N_i}\sqrt{(x_j-\overline{x_i})^2+(y_j-\overline{y_i})^2}}{N_i}, \quad \overline{x_i}=\frac{\sum_{j=1}^{N_i}x_j}{N_i}, \quad \overline{y_i}=\frac{\sum_{j=1}^{N_i}y_j}{N_i}$$

第 i 个集群目标中第 k 种类型目标被毁伤概率 P_{ik} 可以表示为

$$P_{ik} = \lambda_{ik}^{\text{LF}} \lambda_{ik}^{\text{WE}} \frac{D_{ik}-2d_{ik}}{D_{ik}} P_{ik}^{\text{basic}} \quad (6-12)$$

式中，λ_{ik}^{LF} 为地形系数；λ_{ik}^{WE} 为气象系数；P_{ik}^{basic} 为基本毁伤概率；$\frac{D_{ik}-2d_{ik}}{D_{ik}}$ 体现集群特征距离 d_{ik} 的作用，即作战时需要成疏开战斗队形，有利于减少被打击概率。一般集群目标的特征距离 d_{ik} 都远小于探测距离 D_{ik}。表 6-7 给出了气象系数与战场能见度的关系。类似地，地形对作战的影响也可通过地形系数 λ_{ik}^{LF} 来表现。

表 6-7 气象系数与战场能见度的关系

战场能见度	气象系数 λ^{WE}
非常好	1.0
较好	0.9
一般	0.8
较差	0.6
恶劣	0.4

需要说明的是，基本毁伤概率 P_{ik}^{basic} 表示我方适合打击的武器平台在有效射击范围内对其的平均毁伤概率，这个概率由我方参战武器特性决定。不同的武器平台有效射击距离不同，为了使得价值评估可以为兵力优化部署提供依据，可以认为此时我方适合进行打击的武器都位于有效射击距离内。这样获得战场价值就体现了作战过程中的综合打击价值，因而可以根据价值最大原则来确定部署兵力的类型和数量。

6.5 基于区间变权灰色关联法的集群目标威胁评估

鉴于不同的专家给出的评估指标权重会存在差异性，评估算法本身也具有一定的模糊性，以及战场态势的变化性，合理的集群目标的指标权重理应是一个取值范围，并应随着战场情况变化作出动态的调整。为此，本节为顺应实际作战特点，结合区间数和变权理论，给出一种适用于集群目标的区间变权权重求取方法，并将最小二乘法引入区间数中，构建出适用于区间数的最小二乘灰色关联评估模型，用来对集群目标进行威胁评估与排序，以辅助指挥员进行可靠的指挥决策。

6.5.1 预备知识——区间数权重

若 $a=[a^L, a^U]=\{x \mid a^L \leqslant x a^U\}$ 表示在正实轴上的一个闭区间，则 a 就是一个区间数。设 $\boldsymbol{A}=(a_{ij})_{m \times m}$ 为区间数矩阵，其中 $a_{ij}=[a_{ij}^L, a_{ij}^U]$，$a_{ij}^L$，$a_{ij}^U$ 分别指区间的下限和上限。则记 $\boldsymbol{A}^L=(a_{ij}^L)_{m \times m}$，$\boldsymbol{A}^U=(a_{ij}^U)_{m \times m}$，求区间数权重步骤如下。

（1）分别求出 $\boldsymbol{A}^L$，$\boldsymbol{A}^U$ 的最大特征值所对应的归一化特征向量 $\boldsymbol{x}^L$，$\boldsymbol{x}^U$。

（2）求出 α，β：

$$\alpha=\left(\sum_{j=1}^{m} \frac{1}{\sum_{i=1}^{m} a_{ij}^U}\right)^{1/2}, \beta=\left(\sum_{j=1}^{m} \frac{1}{\sum_{i=1}^{m} a_{ij}^L}\right)^{1/2} \quad (6-13)$$

（3）计算区间权重为

$$\boldsymbol{\omega}=[\alpha \boldsymbol{x}^L, \alpha \boldsymbol{x}^U] \quad (6-14)$$

6.5.2 集群目标指标体系的量化处理

在满足评估指标体系确定的基本原则的前提下，结合本节的评估方法需求，我们以集群类型、集群规模、打击能力、相对距离、作战任务、打击难度 6 个主要评估指标，建立集群目标威胁评估指标体系，如图 6-6 所示。

指标量化的精确与否，对威胁评估结果有较大影响。对于定量的指标，可根据其隶属度函数求出具体数值；而对于定性指标，由于其模糊性，可根据相对重要程度采用直接赋值法来简化运算。

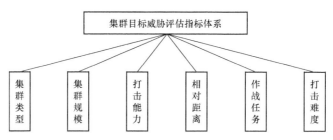

图6-6 集群目标威胁评估指标体系

1. 集群类型

集群是指担负不同作战任务的某一类或几类兵种在一定的作战地域内进行协同作战所构成的群体。集群类型不同,作战企图、作战方式、作战能力也不同,对我威胁程度差异较大。以几种常见的集群为例,集群类型指标如表6-8所示。

表6-8 集群类型指标

集群类型	坦克群	步战车群	突击车群	炮兵群	反装甲群	防空兵群	保障群
I_1	0.9	0.8	0.7	0.7	0.6	0.5	0.3

2. 集群规模

集群规模是指集群中武器装备和人员的多少。集群规模越大,其发挥作战效能、完成作战企图的能力越强,对我威胁也就越大。由于集群所含的武器装备和人员数量较多,分析量化较为复杂和困难,相应的评估时间较长,不符合现代战争实时性的需要。为此,可利用其编制的大小来进行简化。记一个连的兵力为单位1,一个排的兵力为1/3,则集群规模I_2可简化为

$$I_2 = \sum_1^n (1/3 m_{i1} + m_{i2}) \qquad (6-15)$$

式中,m_{i1}、m_{i2}分别为集群中第i种目标的排级、连级编制数量(不可重复计算);n为该集群所含目标总种类数。

3. 打击能力

打击能力是指目标的破坏毁伤能力,是衡量敌方对我威胁大小的关键指标之一。打击能力越强,对我杀伤破坏能力就越大,威胁度就越大。打击能力I_3

可用模糊语言分为 6 个等级，并量化如表 6-9 所示。

表 6-9 打击能力指标

打击能力	很强	较强	强	一般	弱	较弱
I_3	0.9	0.8	0.6	0.5	0.3	0.2

4. 相对距离

相对距离是指敌集群作战前沿至我防御前沿的最短直线距离，反映了与我方的接近程度。其值越小，威胁越大。可构造相对距离隶属度函数 I_4 来确定其大小：

$$I_4 = \begin{cases} 0 & r > r_{\max} \\ 0.6 \dfrac{r_{\max} - r}{r_{\max} - r_{\text{eff}}} & r_{\text{eff}} \leqslant r \leqslant r_{\max} \\ 1 - 0.4 \dfrac{r}{r_{\text{eff}}} & r < r_{\text{eff}} \end{cases} \quad (6-16)$$

式中，r_{eff} 为集群中主要装备的有效射程；$r_{\max}$ 为集群中主要装备的最大射程。

5. 作战任务

作战任务是指为达成作战企图对所属部队进行的任务划分。在实际作战中，每个集群都担任不同的作战任务，甚至几个集群一起完成上级所赋予的作战任务，敌作战任务的不同决定了其对我打击的方式和强度的差异，威胁程度亦有不同。作战任务指标如表 6-10 所示。

表 6-10 作战任务指标

作战任务	主攻	支援	包抄	掩护	保障	防御	撤退
I_5	1	0.8	0.7	0.6	0.6	0.5	0.3

6. 打击难度

打击难度是指我方对敌集群打击的困难程度，主要与敌集群目标的分散程度和战场环境有关。目标较为分散时，利于其隐蔽机动和发起突然袭击，我侦察难度加大，火力毁伤效果减弱，打击难度增加。目标较为集中时，易于我方侦察目标属性、判定作战企图，火力毁伤效果增强，打击难度减小。分散程度对打击难度的影响可用影响因子 ξ 来表示：

$$\xi = e^{-(\alpha-0.1)^2} \quad (6-17)$$

式中，α 为分散程度系数，可量化如表 6-11 所示。

表 6-11 分散程度量化关系

分散程度	极疏	疏	较疏	适中	较密	密	极密
α	0.1	0.3	0.4	0.5	0.6	0.8	0.9

战场环境好坏对我方打击难度也有较大影响，一般由专家给出环境复杂因子 ε，取值在 [1,2] 区间，不复杂取下限 1，很复杂取上限 2。打击难度指标 I_6 可表示为

$$I_6 = \varepsilon e^{-(\alpha-0.1)^2} \quad (6-18)$$

考虑到集群内可能存在一类或若干类武器装备的情况，指标的量化略有不同。若集群内存在多种类型主要装备，则对于集群类型、打击能力指标可以表示为所有类型武器在该指标下的属性值与该类型武器的规模占比的乘积的累加和，对于集群规模指标已经考虑到多种类型的情况，对于相对距离、作战任务、打击难度指标应考虑为一个整体来计算。若集群内只有一种武器装备，则按照量化准则计算即可。

6.5.3 区间变权权重的确定

区间数理论确定指标权重范围虽然较好地考虑了专家的判断主观性和指标本身的模糊性，使权重不再是一个精确的数值，而是可以在一个小范围内浮动的常权区间，但其浮动范围相对受限，当战场态势发生较大改变时，不能及时根据战场态势变化作出相应的动态调整，往往会造成评估结果的不合理。通过引入变权理论，构造变权向量，不同战场态势下的目标集群对应不同的指标权重，评估结果才能更加符合战场实际。基于区间变权的集群目标指标权重的确定过程如下。

1. 利用区间数理论确定各指标的常权区间

对于 m 个指标，让多名专家对指标进行两两比较，给出各自的指标相对重要程度评估值，专家给出的数值不会落到同一个点上，但会稳定在一个区间之内，得出区间数矩阵 $A = (a_{ij})_{m \times m}$，根据式（6-13）、式（6-14）求得区间权重 $\omega = [\omega^-, \omega^+]$。

2. 构建基于作战态势的状态变权向量

分析地面集群目标实际作战过程可以发现,作战双方相互接近的过程中,集群目标会充分发挥其火力性能对我进行杀伤破坏,对我构成直接现实威胁,敌火力打击能力的重要性增加。同理,随着距离的不断减小,目标逐渐进入我方武器有效射程之内,我方对其打击的手段增多且战场环境的影响也相对减弱,打击难度会降低。所以,当敌我双方相互接近的过程中,打击能力指标 I_3 的作用越来越突出,应做激励型变权,而打击难度指标 I_6 的作用却在下降,应做惩罚型变权。其余 4 个指标随着距离变化不会引起较大的变动,不做变权处理,但由于要满足归一化条件,所以也会相应变化。

综上分析,如果距离大于集群有效射程,各指标均不做变权处理。若距离小于有效射程,可构建状态变权向量为

$$S_j(x_1, x_2, \cdots, x_6) = \frac{\partial B_j}{\partial x_j} = \begin{cases} 1, & j = 1, 2, 4, 5 \\ e^{1-x/r_{\text{eff}}}, & j = 3 \\ 1 - e^{1-kx/r_{\text{eff}}}, & j = 6 \end{cases} \quad (6-19)$$

由式(6-19)可知,随着距离 x 的减小:当 $j=1,2,4,5$ 时,S_j 是常数,表示不进行变权;当 $j=3$ 时,S_3 逐渐递增,进行激励型变权;当 $j=6$ 时,S_6 逐渐递减,进行惩罚型变权,与作战实际相吻合。

3. 求解区间变权向量

由于常权是区间常权 $\omega_j = [\omega_j^-, \omega_j^+]$,$j=1,2,\cdots,m$,变权是在区间常权的基础上结合战场态势进行的,所以最终权重也为区间值,记为 $W = [w^-, w^+]_{m \times m}$。其中,令

$$w^- = \frac{\omega^- \cdot S}{\sum_{j=1}^m \omega_j^+ s_j}, w^+ = \frac{\omega^+ \cdot S}{\sum_{j=1}^m \omega_j^- s_j} \quad (6-20)$$

6.5.4 适用于区间数的最小二乘灰色关联威胁评估模型的构建

灰色关联分析法是目前应用最广泛的灰色分析方法之一,它是依据各因素的样本数据比较目标样本与最优和最劣方案的关联程度,进而评估各目标的好坏。通常,一样本数据与最优方案关联最大,必定与最劣方案关联最小。但实际运算过程中,可能产生样本 1 与最优方案关联度比样本 2 大,同时与最劣方案关联度也比样本 2 大的自相矛盾的情况,如图 6-7 所示。

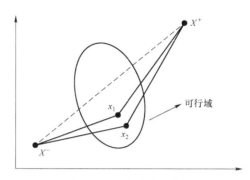

图 6-7　样本对比示意图

马琳等利用最小二乘法对灰色关联分析法作出改进，以提高对空中目标的威胁评估排序能力。但美中不足的是，该方法应用对象是精确数值。本小节在其基础之上进行改进，将最小二乘灰色关联分析法拓展进区间数值中，构建适用于区间数的基于最小二乘灰色关联分析法的集群目标威胁评估模型。其具体步骤如下。

1. 确定原始矩阵 Y

设待评估的 n 个目标组成的目标集为 $E = \{e_1, e_2, \cdots, e_n\}$，$m$ 个评估指标组成的指标集记为 $C = \{c_1, c_2, \cdots, c_m\}$。依据目标在各个指标的属性值，构建原始矩阵 $Y = (y_{ij})_{n \times m}$。

2. 数据的标准化处理

因为各个指标的数量级和量纲不同，不便于直接分析，需对数据进行标准化处理，以保证不同指标数据的可比性。处理方法为

对于效益型指标：

$$r_{ij} = \frac{y_{ij} - \min_i(y_{ij})}{\max_i(y_{ij}) - \min_i(y_{ij})} \quad (6-21)$$

对于成本型指标：

$$r_{ij} = \frac{\max_i(y_{ij}) - y_{ij}}{\max_i(y_{ij}) - \min_i(y_{ij})} \quad (6-22)$$

数据标准化后，得出评估决策矩阵 $\boldsymbol{R} = (r_{ij})_{n \times m}$。

3. 计算灰色关联系数

第 i 个集群目标在第 j 个指标上与最优、最劣方案的灰色关联系数可表

示为

$$\xi_{ij}^* = \frac{\min_i \min_j |r_{ij} - r_j^*| + \varepsilon \max_i \max_j |r_{ij} - r_j^*|}{|r_{ij} - r_j^*| + \varepsilon \max_i \max_j |r_{ij} - r_j^*|} \quad (6-23)$$

$$\xi_{ij}^- = \frac{\min_i \min_j |r_{ij} - r_j^-| + \varepsilon \max_i \max_j |r_{ij} - r_j^-|}{|r_{ij} - r_j^-| + \varepsilon \max_i \max_j |r_{ij} - r_j^-|} \quad (6-24)$$

式中，ε 为分辨系数，通常取值为 0.5；r_j^* 和 r_j^- 分别为指标 j 的最大、最小属性值，可表示为：$r_j^* = \max\limits_{1 \leqslant i \leqslant n} r_{ij}$，$r_j^- = \min\limits_{1 \leqslant i \leqslant n} r_{ij}$。

4. 求关联度

将区间变权法求得的变权向量 $\boldsymbol{W} = \left[w_{ij}^-, w_{ij}^+ \right]_{m \times m}$ 与灰色关联法进行结合，则第 i 个目标对象与最优最劣方案的灰色关联度可分别定义为

$$\lambda_i^* = \sum_{j=1}^n w_{ij} \xi_{ij}^* = \left[\lambda_{iL}^*, \lambda_{iU}^* \right] \quad (6-25)$$

$$\lambda_i^- = \sum_{j=1}^n w_{ij} \xi_{ij}^- = \left[\lambda_{iL}^-, \lambda_{iU}^- \right] \quad (6-26)$$

则第 i 个目标对象与最优最劣方案的距离可分别表示为

$$d_i^* = 1 - \lambda_i^* = [1 - \lambda_{iU}^*, 1 - \lambda_{iL}^*] \quad (6-27)$$

$$d_i^- = 1 - \lambda_i^- = [1 - \lambda_{iU}^-, 1 - \lambda_{iL}^-] \quad (6-28)$$

假设目标以 u_i 隶属最优方案，以 $1-u_i$ 隶属最劣方案，利用最小二乘法构造适用于区间数的目标函数：

$$G(u) = \sum_{i=1}^m \left\{ \left(u_i \left((1-\lambda_{iU}^*)^2 + (1-\lambda_{iL}^*)^2 \right) \right)^2 + \left((1-u_i) \left((1-\lambda_{iU}^-)^2 + (1-\lambda_{iL}^-)^2 \right) \right)^2 \right\} \quad (6-29)$$

令 $\dfrac{\partial G(U)}{\partial u_i} = 0$，则

$$u_i = \frac{1}{1 + \left(\dfrac{(1-\lambda_{iU}^*)^2 + (1-\lambda_{iL}^*)^2}{(1-\lambda_{iU}^-)^2 + (1-\lambda_{iL}^-)^2} \right)^2} \quad (6-30)$$

根据 u_i 的定义可知，u_i 的值越大，其隶属最优理想方案越接近，对应的威胁也就越大。所以，可根据 u_i 的值大小来对集群目标进行威胁评估与排序。

6.5.5 实例仿真

假设在一次作战中，我防御阵地前沿有敌 6 个集群目标向我发起进攻，作战态势示意图如图 6-8 所示。

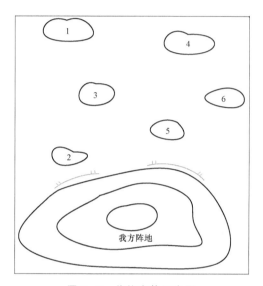

图 6-8 作战态势示意图

我方通过侦察获取敌集群目标具体信息，如表 6-12 所示，已知作战地域战场环境良好，环境影响因子为 1，各集群均在有效射程之内，并假定炮兵群有效射程为 5 000 m，其余均为 3 000 m。

表 6-12 集群目标原始参数表

序号	集群类型	集群规模	打击能力	相对距离/m	担负任务	打击难度	
						分散程度	环境因子
1	炮兵群	一个连	很强	4 500	支援	较密	1
2	坦克群	两个排	较强	500	主攻	适中	1
3	反装甲群	一个排	一般	1 800	支援	较密	1
4	保障群	一个连	弱	2 800	保障	疏	1
5	步战车群	一个连	强	900	主攻	较疏	1
6	突击车群	一个连	强	1 500	包抄	较疏	1

根据指标量化原则可得出集群目标威胁评估决策矩阵 Y，并根据式（6-21）、

式（6-22），将矩阵 *Y* 标准化得到标准化矩阵 *R* 为

$$R = \begin{bmatrix} 0.667 & 1 & 1 & 0.042 & 0.5 & 0 \\ 1 & 0.5 & 0.833 & 1 & 1 & 0.401 \\ 0.5 & 0 & 0.333 & 0.435 & 0.5 & 0 \\ 0 & 1 & 0 & 0 & 0 & 1 \\ 0.833 & 1 & 0.5 & 0.827 & 1 & 0.742 \\ 0.667 & 1 & 0.5 & 0.565 & 0.25 & 0.742 \end{bmatrix}$$

最优方案为：$r^* = (1,1,1,1,1,1)$，最劣方案为：$r^- = (0,0,0,0,0,0)$，由式（6-23）、式（6-24），得到正负关联系数矩阵为

$$\zeta^* = \begin{bmatrix} 0.6 & 1 & 1 & 0.343 & 0.5 & 0.333 \\ 1 & 0.5 & 0.750 & 1 & 1 & 0.455 \\ 0.5 & 0.333 & 0.428 & 0.469 & 0.5 & 0.333 \\ 0.333 & 1 & 0.333 & 0.333 & 0.333 & 1 \\ 0.75 & 1 & 0.5 & 0.743 & 1 & 0.660 \\ 0.6 & 1 & 0.5 & 0.535 & 0.4 & 0.660 \end{bmatrix}$$

$$\zeta^- = \begin{bmatrix} 0.428 & 0.333 & 0.333 & 0.923 & 0.5 & 1 \\ 0.333 & 0.5 & 0.375 & 0.333 & 0.333 & 0.555 \\ 0.5 & 1 & 0.6 & 0.535 & 0.5 & 1 \\ 1 & 0.333 & 1 & 1 & 1 & 0.333 \\ 0.375 & 0.333 & 0.5 & 0.377 & 0.333 & 0.403 \\ 0.428 & 0.333 & 0.5 & 0.469 & 0.667 & 0.403 \end{bmatrix}$$

综合各个专家的意见，建立了如表 6-13 所示的评估指标区间数判断矩阵。

表 6-13 评估指标区间数判断矩阵

指标	I_1	I_2	I_3	I_4	I_5	I_6
I_1	[1, 1]	[1, 2]	[1, 2]	[2, 3]	[1, 3]	[3, 4]
I_2	[1/2, 1]	[1, 1]	[1, 2]	[2, 3]	[1, 2]	[3, 4]
I_3	[1/2, 1]	[1/2, 1]	[1, 1]	[1, 2]	[1/2, 1]	[2, 3]
I_4	[1/3, 1/2]	[1/3, 1/2]	[1/2, 1]	[1, 1]	[1/3, 1/2]	[1, 2]
I_5	[1/3, 1]	[1/2, 1]	[1, 2]	[2, 3]	[1, 1]	[2, 3]
I_6	[1/4, 1/3]	[1/4, 1/3]	[1/3, 1/2]	[1/2, 1]	[1/3, 1/2]	[1, 1]

依据表 6-13 中的数据，按照上述区间数求权重的计算过程可以求出 $\alpha = 0.870$，$\beta = 1.127$，$x^L = (0.2588, 0.2320, 0.1530, 0.0984, 0.1835, 0.0744)$，

x^U = (0.274 9, 0.222 0, 0.157 1, 0.092 8, 0.189 3, 0.063 8)。最后由式（6-31）求得集群目标威胁评估指标的区间数权重向量为

$$\boldsymbol{\omega} = [\alpha x^L, \beta x^U] = ([0.225, 0.310], [0.202, 0.250], \\ [0.133, 0.177], [0.086, 0.105], [0.160, 0.213], [0.065, 0.072]) \quad (6-31)$$

由式（6-19）可求得状态变权向量 S。将变权向量 S 代入式（6-20），求得各指标在不同战场态势下的最终变权权重 W 如下：

$$W = \begin{bmatrix} [0.198, 0.355] & [0.178, 0.286] & [0.130, 0.224] & [0.076, 0.120] & [0.141, 0.244] & [0.048, 0.069] \\ [0.172, 0.311] & [0.155, 0.251] & [0.234, 0.408] & [0.066, 0.105] & [0.123, 0.214] & [0.014, 0.020] \\ [0.189, 0.338] & [0.169, 0.273] & [0.166, 0.288] & [0.072, 0.115] & [0.134, 0.232] & [0.038, 0.055] \\ [0.199, 0.356] & [0.179, 0.287] & [0.126, 0.217] & [0.076, 0.121] & [0.142, 0.245] & [0.049, 0.070] \\ [0.178, 0.320] & [0.159, 0.258] & [0.211, 0.367] & [0.068, 0.108] & [0.126, 0.220] & [0.023, 0.033] \\ [0.185, 0.332] & [0.166, 0.268] & [0.180, 0.313] & [0.071, 0.112] & [0.132, 0.228] & [0.034, 0.049] \end{bmatrix}$$

利用式（6-25）、式（6-26）、式（6-30），计算出区间变权正负关联度、威胁度大小及排序，如表6-14所示。表6-15给出了区间不变权正负关联度、威胁度大小及排序。

表6-14 区间变权正负关联度、威胁度大小及排序

集群序号	正关联度	负关联度	u_i	威胁排序
1	[0.539, 0.909]	[0.376, 0.624]	0.852	3
2	[0.620, 1.071]	[0.293, 0.499]	0.962	1
3	[0.335, 0.571]	[0.507, 0.847]	0.153	5
4	[0.409, 0.670]	[0.619, 1.058]	0.095	6
5	[0.590, 1.004]	[0.302, 0.517]	0.948	2
6	[0.480, 0.807]	[0.360, 0.612]	0.768	4

表6-15 区间不变权正负关联度、威胁度大小及排序

集群序号	正关联度	负关联度	u_i	威胁排序
1	[0.601, 0.779]	[0.432, 0.550]	0.716	4
2	[0.701, 0.919]	[0.344, 0.440]	0.984	2
3	[0.387, 0.494]	[0.512, 0.746]	0.187	5
4	[0.468, 0.590]	[0.693, 0.912]	0.049	6
5	[0.704, 0.910]	[0.330, 0.428]	0.985	1
6	[0.556, 0.713]	[0.403, 0.525]	0.813	3

对比表 6-14、表 6-15 可以发现，区间变权结果为：$u_2 > u_5 > u_1 > u_6 > u_3 > u_4$，区间不变权结果为：$u_5 > u_2 > u_6 > u_1 > u_3 > u_4$。区间变权与不变权的区别在集群 2、5 和集群 1、6 的排序先后上，分析作战态势并结合专家经验可知，集群 2 是坦克群，虽然规模较小，但其距离较近，火力打击能力较强，直接现实威胁反而应比集群 5 步战车群大。集群 1 为炮兵群，具有强大的火力和较高的机动力，能集中、突然和连续地对目标进行火力打击，而集群 6 为突击车群，虽然机动灵活，但其火力有限、防护能力差、有效载荷小，所以集群 1 炮兵群的威胁度也应比集群 6 突击车群大。可见，基于区间变权的威胁评估方法能够根据战场态势对权重作出相应的动态调整，评估过程更为合理，排序结果更加符合作战实际。

第 7 章

陆战分队目标威胁评估实例分析

  本章通过具体的陆战分队目标威胁评估实例说明了威胁评估算法的应用。首先，确定了目标威胁评估的背景与评估目的，从信息处理的角度提出了从信息获取到形成威胁评估数据的思路，为后续威胁评估算法的应用提供了基础；然后，根据本书提出的方法，详细地介绍了如何建立指标体系、如何进行指标量化处理、如何进行指标赋权，以及如何进行威胁评估算法的应用；最后对评估结果进行分析讨论。本章的实例，完整地说明了陆战分队的目标威胁评估的全过程，有助于对陆战目标威胁评估方法的理解与运用。

陆战目标威胁评估方法及其应用

7.1 目标威胁评估背景与评估目的

在一次局部战斗过程中,陆战分队执行地面火力打击任务,其战斗场景如图 7-1 所示。

图 7-1 陆战分队战斗场景

某时刻,通过战场侦察系统发现了战场威胁目标。针对发现的目标,立即采取相应的作战行动。

首先,通过传感器网络对目标进行持续的跟踪与观察,确保目标始终在我

第7章 陆战分队目标威胁评估实例分析

方的探测中,并实时更新探测数据。

然后,利用可见光和红外目标图像信息确定目标类型,基于战场数据链路的数据,确定目标的相关作战参数。

其次,通过主动与被动目标定位方法,获得目标的精确位置信息。

最后,通过战术互联网系统,将发现的目标共享到战场态势图中。

通过上述行动,已经实现了对已发现目标的初步管理。为了进一步判断目标的威胁程度,从而对火力打击等相应的战术措施进行决策,需要对目标进行威胁评估。这里的目标威胁评估主要分为两类。

(1)以分类为主要目的,将战场目标按照威胁程度划分为多个等级。其主要内容是对发现的目标进行威胁分类,实现对目标的精确管理,确保打击资源的高效利用,同时获得最佳的打击效果。

(2)以排序为主要目的,将待打击的目标按照威胁大小进行排序。其主要内容是将目标按照对评估节点的威胁程度进行排序,从而获得目标对打击节点的威胁矩阵,为进行武器目标分配提供重要参数。

由于分类和排序并没有本质上的区别,都是对目标威胁度的一种处理方式。因此,本章以排序为例进行介绍。

7.2 建立评估指标体系

需要进行评估的目标类型为坦克、步战车、车载反坦克导弹、武装直升机、单兵,如图7-2所示。

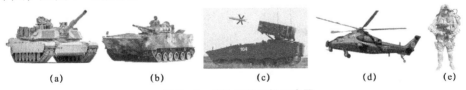

图7-2 威胁评估目标示意图
(a)坦克;(b)步战车;(c)车载反坦克导弹;(d)武装直升机;(e)单兵

根据指标体系建立的完整性、独立性、层次性和可操作性原则,建立评估指标体系。

1. 分析目标的特征属性

目标为地面作战常规目标,目标能够执行战场侦察、火力打击等作战任务,目标之间能够相互通信,能够实现作战协同。地面车辆目标如坦克、步战车、车载反坦克导弹等，拥有不同的作战打击武器，同时担负不同的作战任务。空中目标如武装直升机，能够快速打击地面装甲装备等目标，机动性强、突防效果好、毁伤效果好。单兵目标依靠灵活的战场移动特性、良好的隐蔽伪装能力，能够出其不意地进行打击，同时能够有效引导其他类型武器的火力打击。

2. 确定评估任务的指标层级

根据评估任务，需要完成目标的威胁等级划分和威胁排序。因此，采用两层的指标体系。其中第一层采用静态指标、动态指标、环境指标的设置，能够较好地体现陆上作战的特点，同时能够满足对几类评估目标的威胁描述。

3. 提出共性指标和差异性指标

根据目标特点，采用调查法和咨询法，利用多人的经验获得了共性指标，如目标状态、火力能力、目标速度、通信能力、目标攻击角度、目标距离、通视条件、地形环境等。同样，可以获得差异性指标，如目标类型、火炮口径、有效射程、飞行高度、指控能力等。

4. 指标约简

综合上述的指标，从全局出发，以评估目标的特点和评估任务为出发点，将指标进行约简，如指控能力包含了通信能力，目标的类型能够包含目标的火力能力。于是静态指标约简为目标类型、目标状态、指控能力；动态指标约简为目标距离、攻击角度、目标速度；环境指标约简为通视条件、地形环境。

5. 指标独立性和完整性检验

通过分析，可以看出现有约简后的指标能够满足独立性和完整性的检验，因此，能够成为本次任务的指标体系，如图 7-3 所示。

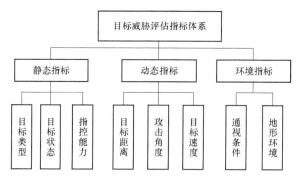

图 7-3 目标威胁评估指标体系

第7章 陆战分队目标威胁评估实例分析

7.3 指标量化处理

在作战过程中，出现 5 类 6 种目标 $T_1 \sim T_6$，目标 $T_1 \sim T_6$ 的类型分别为坦克、坦克、步战车、车载反坦克导弹、武装直升机、单兵。评估节点的武器平台类型为坦克，根据建立的威胁评估指标体系，确定 8 个评估指标 $f_1 \sim f_8$：目标类型威胁度、目标状态威胁度、指控能力威胁度、目标速度（km/h）、目标攻击角度（°）、目标距离（m）、通视条件、地形环境。利用作战人员的判断信息、作战数据库信息和战场多源传感器信息，通过战术互联网实现信息共享与融合，从而获得目标威胁评估的初始参数信息，如表 7-1 所示。

表 7-1 目标威胁评估的初始参数信息

目标	f_1	f_2	f_3	$f_4/(\mathrm{km}\cdot\mathrm{h}^{-1})$	$f_5/(°)$	f_6/m	f_7	f_8
T_1	大	较大	大	25	120	2 500	优	良
T_2	较大	大	大	30	180	2 000	良	良
T_3	中等	较小	较大	15	150	2 200	优	良
T_4	较大	小	中等	15	120	1 800	中	良
T_5	大	大	大	100	150	4 200	优	优
T_6	小	小	小	5	210	800	优	良

1. 静态指标量化

对于静态指标（$f_1 \sim f_3$），初始参数给出了威胁程度的模糊评价语言，共分为 5 个级别：大、较大、中等、较小、小。采用标度法对其进行量化，如表 7-2 所示。

表 7-2 基于标度法的静态指标量化

模糊评价语言	大	较大	中等	较小	小
标度值	1	0.8	0.6	0.4	0.2

2. 动态指标量化

对于动态指标（$f_4 \sim f_6$），初始参数用传感器数值进行描述，需要按照其威胁作用方式进行量化。陆战中距离、速度、攻击角度的量化有其独有的特点，需要考虑的条件因素较多，系统的处理方法可以参考孔德鹏等人的文献。合理地处理地面作战过程中多类型目标的不同属性指标，仍是目前研究的一个重要挑战。这里为了说明目标威胁评估的流程与方法，基于第 2 章的方法，适当进行简化。

假设战场多源传感器系统的信息更新速度满足威胁评估需求，这里就可以省略动态指标的预测过程。如果传感器网络获取信息延迟较大，则需要根据已有信息进行预测估计。根据 2.4.2 小节的方法，动态指标的量化结果如表 7-3 所示。

表 7-3 动态指标的量化结果

目标	f_4			f_5		f_6		
	传感器数值	分量速度	威胁量化	传感器数值	威胁量化	传感器数值	有效射程	威胁量化
T_1	25	20.35	0.81	15	0.83	2 500	3 200	0.61
T_2	30	20.42	0.68	30	0.67	2 000	3 200	0.69
T_3	15	10.78	0.72	60	0.33	2 200	2 800	0.61
T_4	15	9.66	0.64	45	0.50	1 800	3 000	0.70
T_5	100	88.53	0.89	10	0.89	4 200	5 000	0.58
T_6	5	3.77	0.75	30	0.67	800	600	0.33

3. 环境指标量化

对于环境指标（f_7, f_8），通常初始参数是以等级的形式给出，如通视条件良好、地形环境一般等，这种划分与作战的现实需求相关，因此，也可以采用标度法进行量化，如表 7-4 所示。

表 7-4 环境指标量化

等级描述	优	良	中	差
标度值	1	0.75	0.5	0.25

通过上述量化方法,就可以获得目标威胁评估矩阵,如表 7-5 所示。注意,这里的指标都是效益型,即指标值越大表示威胁越大。如果有成本型指标和折中型指标还需要按照 2.5 节的方法进一步地进行处理。

表 7-5　目标威胁评估矩阵

目标	f_1	f_2	f_3	f_4	f_5	f_6	f_7	f_8
T_1	1	0.8	1	0.81	0.83	0.61	1	0.75
T_2	0.8	1	1	0.68	0.67	0.69	0.75	0.75
T_3	0.6	0.4	0.8	0.72	0.33	0.61	1	0.75
T_4	0.8	0.2	0.6	0.64	0.50	0.70	0.5	0.75
T_5	1	1	1	0.89	0.89	0.58	1	1
T_6	0.2	0.2	0.2	0.75	0.67	0.33	1	0.75

7.4　指 标 赋 权

获得目标威胁评估矩阵后,需要确定指标的权重。为了全面地衡量指标的重要程度,我们采用基于最小偏差的组合赋权方法。方法步骤如下。

(1)根据 3.2 节主观权重的确定方法和 3.3 节客观权重的确定方法,计算指标的主观权重和客观权重。这里,直接给出相应的权重信息,如表 7-6 所示。

表 7-6　不同赋权方法计算的权重

赋权方法	f_1	f_2	f_3	f_4	f_5	f_6	f_7	f_8
主观赋权方法 1	0.146	0.106	0.144	0.167	0.090	0.072	0.157	0.117
主观赋权方法 2	0.180	0.139	0.182	0.128	0.125	0.078	0.104	0.064
客观赋权方法 1	0.119	0.136	0.188	0.089	0.094	0.096	0.158	0.121
客观赋权方法 2	0.101	0.144	0.116	0.120	0.168	0.150	0.061	0.139

(2)采用基于最小偏差的组合赋权方法对主客观权重进行融合。利用遗传算法进行求解,主观赋权方法 1、主观赋权方法 2、客观赋权方法 1、客观赋权方法 2 的权重分别为 0.3、0.2、0.3、0.2。通过 MATLAB 自带遗传算法工具箱,可以很方便地求出各个指标的组合权重。GA 算法求解组合权重迭代收敛曲线

如图 7-4 所示。

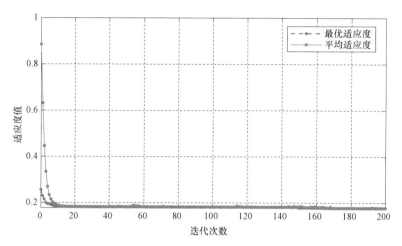

图 7-4 GA 算法求解组合权重迭代收敛曲线

得到的最终结果为

$$w = [0.122, 0.137, 0.162, 0.128, 0.094, 0.084, 0.153, 0.120]$$

这里附上相应的 MATLAB 代码：

```
clc
clear all
close all
%参数设置
options = optimoptions('ga','PlotFcn',@gaplotbestf);%画出迭代图
  options.MaxGenerations = 200;%最大迭代次数
  options.MaxStallGenerations = 100;%停止迭代次数
  options.PopulationSize = 200;%种群算量
nvars = 8;%变量数量
Aeq = ones(1,8);%等式约束，所有权重的和为 1
beq = 1;
LB = zeros(1,8);%下界
UB = ones(1,8);%上界
[xbest,fval,exitflag,output] = ga(@fit,nvars,[],[],Aeq,beq,LB,UB,[],options)

function y = fit(x)%调用函数
  w = [0.146    0.106    0.144    0.167    0.090    0.072    0.157    0.117
```

```
           0.180   0.139   0.182   0.128   0.125   0.078   0.104   0.064
           0.119   0.136   0.188   0.089   0.094   0.096   0.158   0.121
           0.101   0.144   0.116   0.120   0.168   0.150   0.061   0.139];
    a = [0.3 0.2 0.3 0.2];
    x1 = repmat(x,4,1);
    y = a*sum(abs(x1 − w),2);
end
```

7.5 威胁评估算法应用

我们已经获得了威胁评估矩阵和指标的权重，下面就可以利用相应的威胁评估算法计算目标的威胁程度。

7.5.1 基于加权综合的威胁评估

采用 TOPSIS 方法进行目标威胁评估与排序。

Step1　选择理想解 A^+ 和负理想解 A^-：

$$A^+ = [1,\ 1,\ 1, 0.89,\ 0.89, 0.7,\ 1,\ 1]$$

$$A^- = [0.2,\ 0.2,\ 0.2, 0.64,\ 0.33, 0.33,\ 0.5,\ 0.75]$$

Step2　计算每个目标与理想解和负理想解之间的加权距离，这里采用欧式距离：

$$d^+ = [0.014\,8 \quad 0.032\,1 \quad 0.116\,7 \quad 0.186\,5 \quad 0.001\,2 \quad 0.295\,5]$$

$$d^- = [0.303\,1 \quad 0.266\,8 \quad 0.129\,0 \quad 0.084\,1 \quad 0.357\,9 \quad 0.050\,7]$$

Step3　计算每个目标与负理想解和理想解之间的相对距离：

$$p = [\ 0.953\,4 \quad 0.892\,5 \quad 0.525\,0 \quad 0.310\,6 \quad 0.996\,6 \quad 0.146\,4]$$

Step4　威胁排序为：$T_5 > T_1 > T_2 > T_3 > T_4 > T_6$。

7.5.2 基于机器学习的威胁评估

如果战场上没有获得或者难以获得合理的指标权重，但是已有数据可以作为学习样本，那么就可以通过机器学习的方法进行威胁评估。威胁评估学习样本数据一共 15 组，如表 7−7 所示。

表 7-7 威胁评估学习样本数据

目标	f_1	f_2	f_3	f_4	f_5	f_6	f_7	f_8	威胁度
T_1	1	0.8	1	0.81	0.83	0.61	1	0.75	0.91
T_2	0.8	1	1	0.68	0.67	0.69	0.75	0.75	0.85
T_3	0.6	0.4	0.8	0.72	0.33	0.61	1	0.75	0.71
T_4	0.8	0.2	0.6	0.64	0.50	0.70	0.5	0.75	0.51
T_5	1	1	1	0.89	0.89	0.58	1	1	0.96
T_6	0.2	0.2	0.2	0.75	0.67	0.33	1	0.75	0.35
T_7	0.4	0.6	0.8	0.56	0.77	0.82	0.5	0.5	0.65
T_8	1	1	1	0.9	0.9	0.9	1	1	0.99
T_9	0.2	0.4	0.2	0.45	0.55	0.20	0.5	0.5	0.28
T_{10}	0.8	0.6	0.8	0.78	0.59	0.82	1	0.5	0.78
T_{11}	0.6	0.8	0.6	0.77	0.45	0.59	1	1	0.75
T_{12}	0.4	0.6	0.4	0.38	0.62	0.35	0.75	0.75	0.35
T_{13}	1	0.8	0.8	0.76	0.88	0.63	0.75	1	0.87
T_{14}	0.4	0.8	1	0.53	0.68	0.77	0.5	0.5	0.58
T_{15}	0.6	0.8	0.4	0.60	0.55	0.54	0.5	1	0.45

我们采用 RBF 神经网络对样本数据进行学习。样本中一共 15 组数据，选择第 1 组～第 3 组为验证数据，第 4 组～第 15 组为学习数据。利用 MATLAB 神经网络工具箱 Newrbe 函数构建 RBF 网络，对第 4 组～第 15 组的数据进行学习。训练后的网络结构如图 7-5 所示。

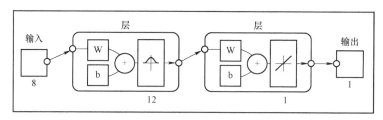

图 7-5 训练后的网络结构

可以看出，建立的 RBF 神经网络模型共有 8 个输入节点、12 个隐藏节点和 1 个输出节点。训练后的网络对原始样本的拟合结果如图 7-6 所示，说明网络的拟合效果较好。

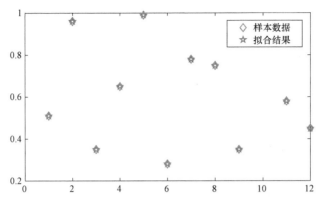

图 7-6　训练后的网络对原始样本的拟合结果

利用训练后的网络对第 1 组～第 3 组的数据进行威胁评估，可以得到如下结果：

$$P = [0.940\ 0, 0.840\ 6, 0.705\ 6]$$

可以算出网络的预测误差为

$$E = [0.030\ 0, -0.009\ 4, -0.004\ 4]$$

可以看出，预测误差相对较小，网络输出的目标威胁度能够反映出目标实际的威胁度，说明利用 RBF 神经网络能够有效地进行目标威胁评估。

7.6　分析与讨论

本章通过一个实例说明了陆战分队目标威胁评估的具体实施方式。从本质上看，陆战分队目标威胁评估是战场信息的重要应用，是信息化作战的重要一步。陆战分队的目标威胁评估，必须基于良好的信息化软、硬件条件之上。如果战场上的武器装备缺乏信息感知与处理能力，那么威胁评估算法仅停留在纸面上，其价值大打折扣。本书针对陆战分队目标威胁评估，从多源传感器网络开始进行分析，依靠现有的条件，可以获得目标类型、目标距离、运用状态等信息，这样陆战目标威胁评估才能真正有效地得到应用。

陆战场的目标类型多样，作战任务也有所不同。因此，在进行目标威胁评估时，必须考虑作战背景与目的，离开了作战背景和作战目的去分析目标的威胁度很难获得合理的结果。只有具体问题具体对待，才能破解复杂作战环境、多样的作战任务、多种的作战目标等条件下目标威胁评估的难题。

陆战目标威胁评估方法及其应用

　　这一章的例子直接从单目标的威胁评估入手，实际上作战过程中，还需要对集群目标进行威胁评估。由于两者之间没有因果关系，因此可以分开进行举例。集群目标威胁评估主要从宏观的战场兵力部署需求出发，以目标集群为分析对象，在火力对抗开始之前进行；单目标威胁评估主要为打击决策服务，一般在交战中进行。二者的侧重点不同，但是处理思路和信息处理的本质相同。

　　在实际作战过程中，是选择机器学习的方法进行目标威胁评估，还是加权综合的方法进行目标威胁评估，需要根据实际情况决定。如果有足够的已知样本数据，机器学习的方法无疑更加便捷，省去了指标赋权的烦琐过程，直接对现有数据进行学习，而且通过在线更新，能够不断地提升学习效果，满足战场实时决策的需求。如果缺少已知样本数据，则需要分析属性指标的权重，采用加权综合的方法进行评估。两种方法都是处理工具，根据实际情况选择最合适的一种，当然也可两种方法综合使用。无论怎么选择，目的就是能够及时有效地获取目标的威胁度值或威胁等级。

第 8 章
后记与展望

  在智能化战争研究风生水起，半自主/自主无人装备渐次登上战争舞台之时，本书对自主或半自主决策所需要的陆战目标威胁评估技术，特别是对陆战分队个体目标的威胁度评估方法，进行了较为系统的论述，作者自认为这是一件十分有意义的事。

  陆战环境复杂、装备多样、战法多变，陆战目标威胁度评估是一项极具挑战性的工作。书中既有对经典评估方法的简单应用，也有对现有威胁评估方法的改进、综合及应用。不足之处首先是对书中所涉评估方法的验证，基本上都是采用仿真数据进行计算机仿真验证，而未能得到实战化检验。其次，书中呈现的威胁评估方法也并非尽善尽美，有的明显不具有普适性，这些方法的评估结果也可能不具有一致性。最后，还有许多问题需要我们去进一步探索解决。例如，如何在满足评估要求的情况下，去除冗余的评估属性指标，使得评估属性更加简约；如何将多个各有优缺点的评估方法融合起来，达到扬长避短、优势互补的评估效果；如何利用更加智能的方法对评估指标权重进行动态调整，如何提高评估的实时性以满足实战的需要等。也许这么多的不尽如人意之处和待解决的问题，才是本书的价值所在。

  本书仅是关于陆战目标威胁评估技术及其应用的探讨，只体现陆战评估领域细分中的一个侧面。就评估而言，种类众多，基本上涉及各行各业，这是由决策的普遍性和评估的基础性决定的。而军事评估只是众多评估领域中的一个，目标威胁评估又只是军事评估领域中最基础的一个。在军事评估领域，除目标威胁评估之外，还有目标的打击价值评估、毁伤评估、作战能力评估，以及针对我方武器装备的作战能力评估、作战效能评估等。虽然说这些评估的思路与实现过程是大致相同的，但它们各自的评估目的、评估对象不同，因此会有不同的评估指标、评估手段和实现途径。就军事评估而言，我们认为有必要向以下几个方面深入和延伸。

8.1 目标打击价值评估

目标打击价值评估是由目标威胁评估延伸而来。所谓战场价值，就是在原有的目标对我威胁度基础上叠加了目标对敌有用性和战术打击价值（即我方对目标的毁伤概率）等，使评估结果更加贴近于实战需求。对于攻击方而言，如何快速、准确地计算被攻击目标的战场重要性，科学地确定攻击方的打击顺序，并对战场价值较大的目标或目标集群，给予迅捷、毁灭性打击，已经成为信息化战争中迫切需要解决的问题。

由于陆战场环境复杂、作战任务多样、目标种类繁多，给目标打击价值评估带来了极大挑战。为降低评估难度，可将目标打击价值分为由目标战技性能决定的绝对打击价值和相对于不同战场环境与我方不同作战平台，而不断变化的相对打击价值，先对它们分别评估，再进行加权求和。

当敌我双方武器装备数量投入较多时，基于集群目标的兵力部署，就显得特别重要，也为集束炸弹等大规模杀伤性武器的使用提供了理论基础。因此，在单目标打击价值评估的基础上，还需要对集群目标的战场价值进行评估。评估集群目标战场价值，首先需要对众多的单目标进行分组，其次要对已分组的集群目标建立战场价值评估指标体系并确定指标权重，最后要确定评估模型或评估算法。这些都将与集群目标威胁评估有所不同，值得深入研究。

8.2 目标毁伤评估

信息化作战越来越需要辅助决策，智能化战争更是离不开辅助决策，甚至需要自主决策。目标威胁评估是前置于火力运用的重要辅助决策环节，见图1-1。一番打击之后，作战效果如何？是否达到作战目的？这都需要对阶段性的火力打击效果进行评估，亦即"目标毁伤评估"。关于目标毁伤评估，国内国外都有许多学者做了大量的研究工作。但由于陆战场环境复杂、观瞄性差，难以获取清晰、完备的目标状态信息，陆战场目标毁伤评估很难达到客观效果。目前，关于陆战目标毁伤评估，多基于图像进行，评估效果往往都与实际毁伤情况不符。因不同装备的同一部位毁伤，对其火力、机动能力、通信（指挥）能力的影响不同。这就需要针对不同功用的目标类型，建立恰当的评估指标体系，并赋予合理的权重，采取按类评估等方法、手段，并综合目标的后续战场表现等信息进行评估。

另外，除了需要对单目标毁伤程度进行评估，掌握阶段性火力打击对具体作战目标的毁伤效果外，还需要对敌方的群目标进行毁伤程度评估，以了解阶段性火力打击对敌方作战分队整体作战能力的毁伤情况，并以此来评估当前战场态势，为之后的作战决策提供依据。

群目标毁伤评估不能等同于所有单目标毁伤效果评估数值上的叠加，因为作战系统是一个复杂系统，具有涌现性。武器装备数量上、种类上的叠加往往会产生质变的效果。不同种类、不同数量目标的优化组合，可以得到全新的战场作战效果，即会产生"$1+1>2$"的效应。同样，毁其关键装备，也会使其整体战斗力锐减，达到迅速瓦解的效果。因此，针对群目标毁伤评估，需要从复杂系统的角度出发，积极探索新的评估方法，建立可行、适用、能体现涌现性等群体特性的评估模型。

8.3 作战能力评估

在大规模作战过程中，先于集群对抗的是兵力部署，先于兵力部署的应该是对敌、我双方的作战能力进行评估。

作战能力评估分为基于作战集群所包含的目标种类、型号、数量等自然属性的静态作战能力评估，和与战术、战法规则相结合的动态作战能力评估，是一种系统性、整体性评估。

评估作战能力首先需要基础数据的支持，如评估对象的组织结构、人员编制、人员素质、装备种类与数量、装备性能等；其次，要对上述评估对象建立评估指标体系及指标权重；最后，确定科学有效的评估方法。

一般从最小作战单元开始评估作战能力，然后逐级聚合，形成所期望评估的对象的规模。当然，在聚合过程中，不应是单装备、小规模分队作战能力的简单叠加，而应该考虑装备之间的相互影响、战场环境的影响、指挥员的人力因素等。战前对敌我双方作战能力的精准把握，做到有效应对，是取得作战胜利的关键。因此，作战能力评估是一个极具战略意义的工作，当然也是一项需要从复杂系统角度考虑的比较困难的工作。

8.4 作战效能评估

作战效能评估是建立在目标毁伤评估基础上的更高层次的一类评估。一次作战之后，为总结经验、教训，为以后作战提供第一手借鉴资料，需要对敌、我双方的作战毁伤情况、作战能力进行综合评估，这就是作战效能评估。如果把目标毁伤评估看作直接评估，那么作战效能评估是一种考虑投入兵力兵器总量情况下的毁伤效果评估。

现有的部队（或集群目标）作战效能的评估方法主要有作战效能指数法、专家评估法和作战仿真法等。但每种方法都存在一定的不足。例如：作战效能指数法精度不高、透明度不大；专家评估法对定性问题把握得较好，但主观性相对较强，难以反映动态作战环境下的作战效能；作战仿真法虽具有构造逼真的对抗环境并进行作战效能的动态检验优势，但不足之处是很多重要的定性信息难以表达及获取。分析上述典型的效能评估方法，发现它们各自的优点部分可以互补，这种互补性主要体现在评估数据源的互补上。

鉴于评估数据来源不同，可能使评估对象含有不确定数据，导致评估结果可信度低，而 D–S 证据推理方法能降低不确定度。为此，有学者提出了一种新的 D–S 证据组合方法，将其运用于不确定数据源的融合，之后通过线性与

非线性综合加权的方法，得到了较好的作战效能评估结果。当然，在侦察手段多样化、采集信息多元化的今天，除了要研究确定作战效能评估指标体系、指标赋权方法外，寻找改进更能体现多源信息融合的作战效能评估方法，也将是今后一段时间作战效能评估的一个重要研究方向。

8.5 目标评估与作战意图识别融合发展

在装备体系化、部队合成化的今天，协同作战是陆战的基本作战模式。不同的作战意图对应着不同的作战样式、战术规则，不同的作战样式，也决定着装备的不同运用方式。因此，同一个个体目标或集群目标，作战意图不同，其威胁度或战场打击价值不同。在进行目标威胁度或战场打击价值评估时，应努力识别目标的作战意图，在明确作战意图的前提下，即可实现对目标的合理评估。但是目标作战意图的识别又往往依赖于战场态势和目标的威胁度、战场打击价值、作战能力等信息。这就形成了一个相互耦合、难以独立求解的问题。因此，如何将两者适时解耦与融合，是一个非常有意义又极具挑战性的研究工作。

参考文献

[1] LINAS J, WALTZ E.Multisensor data fusion[M].Norwood, Massachusetts: Artech House, 1990.

[2] NGUYEN X T.Threat assessment in tactical airborne environment[C]// Proceedings of the Fifth International Conference, 2002: 1300-1307.

[3] LOONEY C G, LIANG L R.Cognitive situation and threat assessments of ground battlespaces[J].Information fusion, 2003, 4(4): 297-308.

[4] OKELLO N, THOMS GAVIN. Threat assessment using Bayesian network[C]// Proceedings of the Sixth International Conference of Information Fusion, 2003: 1102-1109.

[5] 牟之英. 决策融合功能与体系结构研究[J]. 航空电子科技, 2003, 34(1): 28-36.

[6] 孔祥忠. 战场态势估计和威胁估计[J]. 火力与指挥控制, 2003, 28(6): 91-98.

[7] 雷英杰. 基于直觉模糊推理的态势与威胁评估研究[D]. 西安: 西安电子科技大学, 2005.

[8] 毛丽艳. 基于数据链的多机多目标智能火控系统研究[D]. 南京: 南京航空航天大学, 2006.

[9] 黄大山, 徐克虎, 陈金玉. 坦克部队火力优化控制系统建模[J]. 火力与指挥控制, 2013, 38(9): 79-82, 86.

[10] 徐克虎, 黄大山, 王天召. 坦克分队动态火力优化配置建模[J]. 火力与指

挥控制，2013，38（5）：94－97，101.

[11] 孔德鹏，徐克虎，陈金玉. 合成分队武器目标分配方法研究[J]. 计算机仿真，2016，33（4）：19－22，355.

[12] 徐克虎，孔德鹏，张志勇，等. 合成分队火力分配自适应决策模型研究[J]. 火力与指挥控制，2017，42（2）：43－47，52.

[13] 孔德鹏，徐克虎，陈金玉. 合成分队火力分配协同决策模型研究[J]. 火力与指挥控制，2016，41（11）：66－69，74.

[14] 陈金玉，徐克虎，孔德鹏，等. 混合多属性决策投影算法的装甲分队目标价值评估[J]. 火力与指挥控制，2015，40（4）：59－62，71.

[15] 王增发，徐克虎，孔德鹏，等. 基于双层变权的目标威胁评估[J]. 火力与指挥控制，2018，43（5）：96－100.

[16] 徐克虎，黄大山，张志勇，等. 坦克分队火力打击时机量化研究[J]. 火力与指挥控制，2014，39（8）：98－101，105.

[17] 徐克虎，陈金玉，张志勇，等. 坦克分队目标打击价值指标数理研究[J]. 火力与指挥控制，2014，39（7）：51－54，58.

[18] 黄大山，徐克虎，王天召. 求解WTA问题的智能算法评价准则[J]. 火力与指挥控制，2013，38（8）：43－46.

[19] XU K, KONG D, CHEN J. Target threat assessment based on improved RBF neural network[C]//Proceedings of the 2015 Chinese Intelligent Automation Conference.Springer Berlin Heidelberg，2015：559－566.

[20] XU K,CHEN J,KONG D. Research on combined weight of target threat index of information fusion[C]//Applied Mechanics & Materials，2014，599－601：1629－1635.

[21] XU K, CHEN J, KONG D, et al.Research on vague set of target threat information fusion algorithm[C]//Applied Mechanics & Materials，2014，599－601：1671－1678.

[22] 孔德鹏，徐克虎，陈金玉. 合成分队双层主从决策模型研究[J]. 火力与指挥控制，2016，41（4）：61－65.

[23] 孔德鹏，徐克虎，陈金玉. 一种基于战场态势变权的目标威胁评估方法[J]. 装甲兵工程学院学报，2015，29（4）：12－15，21.

[24] 陈金玉，徐克虎，张志余，等. 基于Vague集极值记分函数的装甲分队目标威胁评估[J]. 火力与指挥控制，2015，40（6）：61－65.

[25] 徐克虎，陈金玉，张志余，等. 基于改进型投影算法的装甲分队目标威胁评估[J]. 火力与指挥控制，2015，40（5）：61－64.

[26] 徐克虎，陈金玉，孔德鹏. 基于 GM（1，1）预测与改进 Vague 集距离的装甲分队目标威胁评估[J]. 装甲兵工程学院学报，2015，29（1）：25-29.

[27] 徐克虎，黄大山，王天召. 基于 RBF-GA 的坦克分队作战目标评估[J]. 火力与指挥控制，2013，38（12）：83-87.

[28] 黄大山，徐克虎，王天召. 坦克分队火力优化配置模型[J]. 火力与指挥控制，2013，38（11）：95-98，103.

[29] 黄大山，徐克虎，王天召. 坦克部队整体火力配系模型研究[J]. 火力与指挥控制，2013，38（10）：157-161，165.

[30] 徐克虎，张志勇，黄大山. 坦克分队作战要素量化研究[J]. 装甲兵工程学院学报，2013，27（1）：48-53.

[31] 黄大山. 坦克分队火力优化控制研究[D]. 北京：中国人民解放军装甲兵工程学院，2013.

[32] 陈金玉. 信息化装甲分队目标威胁评估研究[D]. 北京：中国人民解放军装甲兵工程学院，2015.

[33] 孔德鹏. 合成分队火力运用决策技术研究[D]. 北京：中国人民解放军装甲兵工程学院，2016.

[34] 徐克虎，孔德鹏，黄大山，等. 智能计算方法及其应用[M]. 北京：国防工业出版社，2019.

[35] 王伟平. 基于 Vague 集的语言型多准则决策方法[M]. 北京：经济科学出版社，2013.

[36] SZMIDT E，KACPRZYK J.Entropy for intuitionistic fuzzy sets[J]. Fuzzy sets and systems，2000，118：467-477.

[37] SZMIDT E，KACPRZYK J.Distance between intuitionistic fuzzy sets[J]. Fuzzy sets and systems，2001，114：505-518.

[38] ATANASSOV K T.Intuitionistic fuzzy sets theory and applications[M]. Heidelberg：Physica-verl，1999.

[39] OPRICOVIC S，TZENG G H. Compromise solution by MCDM methods：a comparative analysis of VIKOR and TOPSIS[J]. European journal of operational research,2004,156（2）：445-455.

[40] 王应明. 多指标决策与评价的新方法——投影法[J]. 系统工程与电子技术，1999，3（21）：1-4.

[41] 李春好，孙永和，贾艳辉，等. 变权层次分析法[J]. 系统工程理论与实践，2010，30（4）：722-725.

[42] 汪培庄. 模糊集与随机集落影[M]. 北京：北京师范大学出版社，1985.

[43] 李德清，李洪兴. 变权状态向量的性质与构造[J]. 北京师范大学学报（自然科学版），2002，38（4）：455-461.

[44] 管清波，冯书兴. 一种新的武器装备体系能力指标变权算法[J]. 装备学院学报，2014，25（1）：112-115.

[45] OPRICOVIC S.Multicriteria optimization of civil engineering systems[D]. Belgrade：Faculty of Civil Engineering，1998.

[46] 徐则中. 变权综合决策中变权向量的构造[J]. 辽宁工程技术大学学报，2010，5（29）：843-845.

[47] 乐云，刘明强，张兵. 基于直觉模糊集多属性群决策的重大工程社会脆弱性评估[J]. 科技管理研究，2017，37（19）：71-77.

[48] 马琳，宋贵宝，吉礼超，等. 基于最小二乘灰色关联分析法的目标威胁评估[J]. 战术导弹技术，2010（1）：28-31.

[49] 王增发. 数字化突击分队火力协同技术研究[D]. 北京：陆军装甲兵学院，2017.

[50] 张明双. 合成化装备体系火力协同技术研究[D]. 北京：陆军装甲兵学院，2019.

[51] 李灵之. 陆战合成分队火力协同控制技术研究[D]. 北京：陆军装甲兵学院，2018.

[52] 徐克虎，黄大山，张志勇. 数字化地面突击分队火力优化控制[M]. 北京：国防工业出版社，2016.

索 引

0～9（数字）

11级模糊评价语言与Vague集转化（表） 26

A～Z、ε

AHP 42
CCS 3
DARE 法 41
FCM 聚类算法 117
　　流程 117
GA 算法求解组合权重迭代收敛曲线（图） 148
ID3 算法 108
　　流程（图） 108
KNN 109
RBF 神经网络 102、105、150
　　结构（图） 102
　　解决思路 102
　　威胁评估实例仿真 105

RBF 神经网络威胁评估方法 102、103
　　改进型 RBF 神经网络训练 103
　　评估指标及样本确定 103
TOPSIS 评估法 63～68、73
　　不足之处图解（图） 68
　　目标威胁评估具体步骤 73
　　目标威胁评估算法步骤 66
　　威胁评估算法 73
Vague 集法 25、69
　　关系目标评估与排序 69
Vague 集关系模型 67～69
　　评估法一般步骤 69
　　威胁评估法 67
Vague 集距离度量法 63、64
　　多属性决策 TOPSIS 评估法 63
　　一般方法及准则 63
Vague 值 58、66～68
　　记分函数评估法 58
　　决策矩阵的投影评估方法 66
　　均衡点 58

运算法则 68

VIKOR 法 7、81

 目标威胁评估方法 81

VIKOR 法威胁评估模型建立 83~87

 求得最终评估结果 87

 指标体系确定 83

 组合权重确定 84

B~C

贝叶斯定理 110

贝叶斯网络 7

 评估方法 7

 威胁评估模型 7

逼近理想点法 46

比较判断标度含义（表） 43

变量显著性检验 98

变权 TOPSIS 威胁评估算法 73

变权步骤 77

变权方法基本原理 52

变权赋权法 51

变权理论 52

变权目的 52

变权评估预测输出以及误差百分比（图） 80

变权权值求取 72

变权算法 54、72

变权向量 53

 构造方法 53

变权效果折线（图） 79

变权综合和常权综合的目标威胁度（表） 75

标度法 24、145

 静态指标量化（表） 145

 量化（表） 24

不同依赖程度对应区间值（表） 126

参考文献 159

参数解释 101

层次分析法 42、43、122

 构造指标判断矩阵 42

 权重确定 43

 一致性检验 43

 与威胁评估区别 122

层次分析思想 122

层次评估结构 121、121（图）

常见分类器及原理 107

常见一元函数类型（表） 99

惩罚型状态变权 52

初始常权 55、73

 确定方法 73

 向量 55

传统 RBF 和改进型 RBF 威胁评估结果对比（表） 105

D

打击难度 131

打击能力 130、131

 指标（表） 131

大规模目标的层次评估结构 121

待定系数法求解未知变量 64

单兵武器 8

单目标多指标变权（表） 78

单装备作战效能计算 127

德尔菲法 41

 操作步骤 41

地面突击武器 10

地面作战武器 9

地形条件指标量化（表） 34

递阶层次性评估指标体系 40

电子对抗武器　9
定量指标威胁度量化方法　26
定性指标评价语言量化方法　24
定义　2
动态指标　21、32、146
　　　更新（图）　32
　　　预测　32
动态指标量化　146
　　　结果（表）　146
对比分析　91
对敌压制武器　9
多目标　78、116
　　　多指标变权（表）　78
　　　分组方法　116
多属性决策　63～66
　　　TOPSIS 评估法　63、65
多数表决　109
多元非线性回归　94、99
多元回归　94、100
　　　解决思路　94
　　　目标威胁评估　94
　　　威胁评估方法　100
多元线性回归　94～97、101
　　　方程　101
　　　基本原理　94
　　　模型　95
　　　显著性检验　97
多准则优化妥协决策评估方法　7

E～G

二步法　100
发现目标能力　29、30
　　　指标量化（表）　30
反装甲武器　9

方程显著性检验　98
防空作战武器　9
仿真过程　88
非线性项的线性化　99
分类威胁评估　106、112
　　　方法　106
　　　实例　112
分类器　107、111
　　　目标威胁评估　111
　　　原理　107
分散程度量化关系（表）　132
分析与讨论　151
风险偏好的 Vague 值运算法则　68
风险厌恶型记分函数　59
风险中立型记分函数　62
风险追求型记分函数　61
辅助决策　4
　　　过程（图）　4
负理想解　74、87
赋权方法计算的权重（表）　147
改进的 Vague 集距离度量法　64
改进型 RBF 神经网络　102～104
　　　结构（图）　103
　　　目标威胁评估方法　102
　　　威胁评估模型（图）　104
改进型 RBF 神经网络训练　103～105
　　　RBF 神经网络数学模型确定　104
　　　RBF 神经网络训练　105
个体遗憾值　87
攻击角度　22
共性指标和差异性指标　144
构造决策树一般过程　108
归一化评估指标值（表）　75

H～J

和型均衡函数　53

后记　153

环比系数法　41

环比值法　41、42

　　基本步骤　42

环境因素　22

环境指标　21、146

环境指标量化　34、35、146、146（表）

　　地形条件　34

　　气象条件　35

　　通视条件　34

毁伤概率　30、31

　　指标量化（表）　31

毁伤能力　22

混合加权集结算子　82

混合评估决策矩阵构建　86

火力打击　5、5（图）

　　优化　5

火力支援武器　10

几种信息熵概念之间的关系（图）　108

基本毁伤概率　128

基于遗传算法的模型求解　49、50

　　变异算子操作　50

　　产生最优解并归一化　50

　　计算每个染色体适应值并对适应值排序　50

　　交叉算子操作　50

　　染色体编码　49

　　算法参数　49

　　选择算子操作　50

　　种群更新　50

机动能力　21、28

　　指标量化（表）　28

机器学习　93、149

　　目标威胁评估方法　93

　　威胁评估　149

极差法　26

极值记分函数法　63、67

　　一般步骤　63

集群　130

　　规模　130

集群类型　130

　　指标（表）　130

集群目标　116、118、122、125、129、136

　　分组方法　116

　　分组实例　118

　　价值指标构成（图）　125

　　原始参数（表）　136

　　指标体系量化处理　129

集群目标类型　122、123

　　兵力部署合理性　123

　　地理位置优劣　123

　　目标数量　123

　　武器特性　123

　　指挥控制能力　123

　　综合作战影响程度　123

集群目标威胁评估　122～124、129、130、136

　　方法　124

　　结构　124

　　决策矩阵　136

　　属性指标体系（图）　124

　　指标体系　122、130（图）

集群目标战场价值　125、126

　　评估模型　125

集群目标整体评估　124、125
　　方法　125
　　结构（图）　124
记分函数评估法　62
加权的综合的目标威胁评估方法　57
加权规范矩阵　73
加权记分函数法　62
加权综合的威胁评估　149
简单线性加权法　47
简化战场态势（图）　31
径向基函数神经网络　102
静态指标　20、145
　　量化　145、145（表）
聚类　118
　　算法流程（图）　118
　　信息列表（表）　118
距离加权表决　109
决策矩阵　73
决策树分类器　107
决策树优缺点　108、109
　　缺点　109
　　优点　108

K～M

客观赋权法　44
客观权重求解　86
空中打击武器　10
孔祥忠　6
拉格朗日函数求解法　47
离差函数最大化法　45
　　计算步骤　45
理想解与负理想解距离　74
量化方法　23、24、72
　　方法　24

原则　23
准则　72
两种方法的威胁评估结果对比（表）　92
灵敏度分析　90
陆战分队　20、141、142
　　地面作战　20
　　目标威胁评估实例分析　141
　　战斗场景（图）　142
陆战目标威胁评估　12、20
　　要素与实现步骤　12
　　主要指标　20
陆战目标威胁评估特点　8～11
　　陆战目标威胁评估难度大　11
　　陆战武器目标种类多样　8
　　陆战武器作战用途多样　9
　　战场环境复杂　10
面向集群目标的威胁评估方法　115
敏感度分析　91
模糊C均值聚类算法　117
模糊评价语言　37
模糊语言与直觉模糊数转化关系（表）　84
模型评估过程（图）　83
牟之英　6
　　目标威胁评估功能模型（图）　6
目标打击价值评估　155
目标动态指标　21、31、32
　　量化　31
目标动态指标量化方法　33、34
　　攻击角度　34
　　目标速度　33
　　武器目标距离　33
目标各威胁指标归一化值（表）　77
目标毁伤评估　156

目标精确管理　4、5（图）
目标静态指标　20、27
　　量化　27
目标距离　22、27
　　威胁度效用曲线（图）　27
目标类型　27、28
　　指标量化（表）　28
目标评估与排序　69
目标评估与作战意图识别融合发展　158
目标速度　22
目标特征属性分析　143
目标威胁　2、22、35、36、91
　　初始指标数据矩阵建立　35
　　估计　2
　　排序（图）　91
　　指标数据量化矩阵计算　36
目标威胁度　11、75（表）
　　与作战环境相关性　11
目标威胁评估　2～8、14、27、37、39、57、74、81、93、94、101、102、106、111、142、143、147
　　背景与评估目的　142
　　步骤（图）　14
　　方法　57、81、93、102、111
　　概念　2
　　功能模型（图）　6
　　结构模型（图）　6
　　矩阵（表）　147
　　理论与方法　7
　　数据（表）　101
　　特点　2
　　研究现状　5
　　指标赋权方法　39
　　指标量化　27

　　作用　3
目标威胁评估指标体系（图）　17、19、23、144
　　量化方法　17
　　建立一般方法（图）　19
目标原始数据（表）　88

N～R

拟合优度检验　97
批量梯度下降算法　96
平面区域 D0 上点的坐标与 Vague 值一对应关系（图）　65
评估　3、67、143、157
　　结果可信度　157
　　客体　13
　　目标类型　143
　　算法不足　67
评估指标　20、21、24、74、103、137
　　常用量化方法　24
　　分类　20
　　分组及初始常权（表）　74
　　含义及描述　21
　　区间数判断矩阵（表）　137
　　确定（表）　103
评估指标量化原则　23、24
　　便捷性原则　24
　　一致性原则　23
　　准确性原则　24
评估指标体系　19、143
　　建立　143
　　建立方法　19
评估指标体系确定原则　18、19
　　层次性　19

独立性 19
可操作性 19
完整性 19
评价指标体系（表） 84
朴素贝叶斯 110
　　分类器 110
　　分类算法 110
其他分类器 111
气象条件指标量化（表） 35
气象系数与战场能见度关系（表） 128
前向神经网络 102
轻武器 8
求优化问题 46
区间变权灰色关联法的集群目标威胁评估 129
区间变权权重确定 132、133
　　构建基于作战态势的状态变权向量 133
　　利用区间数理论确定各指标常权区间 132
　　求解区间变权向量 133
区间变权正负关联度、威胁度大小及排序（表） 138
区间不变权正负关联度、威胁度大小及排序（表） 138
区间数法 25
区间数权重 129
群目标毁伤评估 156
群体效益值 87
染色体编码（图） 50
任务指标层级评估确定 144

S～T

熵权法求解精确数熵权 86

熵权结果归一化客观权重 86
上下两级的层次评估结构（图） 121
射击反应时间 30
　　指标量化（表） 30
实例 88、100、136
　　仿真 88、136
属性 18
双层变权目标威胁评估实例分析 77
双层融合变权 54、55、76
　　方法 54
　　评估流程（图） 76
双层融合变权目标威胁评估 76
　　步骤 76
　　方法 76
搜索跟踪能力 21
算法规则的多目标分组方法 116
随机梯度下降算法 96
随机一致性指标与阶数关系（表） 44
态势 70
　　描述 70
　　信息 70
梯度下降算法 96
通信能力 21、28、29
　　指标量化（表） 29
统计检验 97
投影评估方法 66
投影算法 66、68
　　不足之处图解（图） 68
妥协折中值 88

W～X

网络对原始样本拟合结果（图） 151
威胁 2、5
　　估计 5

威胁度　77～80、88、90
　　排序　78、80、88
　　评估　77
威胁评估　6、34～36、112、143、149、150
　　矩阵确定　35、36
　　目标示意（图）　143
　　实例　112
　　数据（表）　112
　　学习样本数据（表）　150
　　研究　34
威胁评估方法　70、100、106、115
　　解决思路　106
威胁评估结果　78、92
　　对比（表）　92
威胁评估模型　83、90
　　建立　83
威胁评估实现步骤　14、15
　　计算目标威胁度并排序　15
　　建立目标威胁评估指标体系　14
　　评估指标量化　14
　　区分各评估指标重要性　14
　　确定被评估对象　14
　　确定目标威胁评估算法　14
威胁评估算法　58、149
　　应用　149
威胁评估要素　12～14
　　评估对象　13
　　评估方法　13
　　评估结果　14
　　评估目的　12
　　评估指标　13
　　评估指标权重　13
　　评估主体　12

威胁评估指标　7
　　量化方法　7
　　权重确定方法　7
威胁属性　54、77
　　变权　54
　　融合　77
威胁指标　11、77
　　归一化值　77
　　选取复杂性　11
无人武器　9
无人自主武器　10
武装直升机　9
线性化　99
　　方法　99
相对距离　131
小批量梯度下降算法　96
效用函数法　26
信息熵　107
信息熵法　45、77
　　具体步骤　45
信息支援武器　10
绪论　1
学习率　96
训练后网络（图）　150、151
　　对原始样本拟合结果（图）　151
　　结构（图）　150

Y～Z

一元函数类型（表）　99
遗传算法　49～51
　　流程（图）　51
　　模型求解　49
应用数理统计　98
应用战场态势变权的目标威胁评估　74

预备知识　129
预测一般步骤　32
展望　153
战 573A 目标的 FCM 聚类算法　117
战场环境　10、132
战场价值集群目标威胁评估方法　124
战场目标　7、117
　　FCM 聚类算法流程　117
　　聚类问题　117
　　信息　7
战场态势　31（图）、70～72
　　变权方法　70、71
　　变权威胁评估方法　70
　　信息　72
战场威胁目标　142
战场信息　8
战斗场景　142
战术意图复杂性　11
折中系数下的目标威胁排序（图）　91
整体变权结果（表）　79
正负理想解　90、91
正理想解　87
直接最小二乘法　100
直觉模糊熵求解模糊熵权　86
直觉模糊集　71、81、82
　　混合加权集结算子　82
　　距离　82
　　排序规则　82
　　犹豫度　81
　　运算关系　82
指标变权　72
指标常权　77
指标独立性和完整性检验　144
指标赋权　40、147

原则　40
指标量化处理　145
指标权重　40、48
　　差异　40
　　基本概念及赋权原则　40
指标体系　40
　　权重集条件　40
　　优化原则　40
指标约简　144
指挥控制能力　29
　　指标量化（表）　29
指挥控制系统　3、4
指挥员主观分组方法　116
主观赋权法　41
主观权重　85、89
　　求解　85
主客观权重融合　147
主客观相结合原则　41
专家对指标评判矩阵（表）　89
专家权重　89
装甲车辆　8
装甲作战武器　8
状态变权向量　53、54
综合目标威胁评估方法　57
综合排序结果（表）　79
组合赋权—VIKOR 法　81～83
　　目标威胁评估方法　81
　　威胁评估模型建立　83
组合赋权法　47、147
　　步骤　147
组合权重　47、89、127
　　求取方法　127
最近邻分类器　109
　　算法步骤　109

最小二乘灰色关联威胁评估模型构建
  133~135
  灰色关联系数计算 134
  求关联度 135
  数据标准化处理 134
  样本对比示意（图） 134
  原始矩阵确定 134
最小偏差组合赋权模型 48
  方法原理 48
最小作战单元 157

最优方案 137
作战策略的指挥员主观分组方法 116
作战能力评估 156、157
作战任务 131
  指标（表） 131
作战态势示意（图） 136
作战效能评估 157
作战行动 142
作战意图识别 158

（王彦祥、张若舒、刘子涵 编制）